まるごと小学校1年生学級担任BOOK

増補新装版

奥田靖二【編著】

いかだ社

増補新装版によせて

「小学校担任必携辞典」として

『まるごと小学校○年生学級担任BOOK』シリーズ全6巻は、最初の1年生編を出版以来、多くの人たちにご活用いただきましたが、このたび各巻に「若い先生たちへのアドバイス」を加え、増補新装版として再出版することにしました。

わかりやすく

このシリーズは、近年増えている若い先生方に特におすすめしたい内容で、学級づくり・授業づくり・保護者への対応をふくめ「教育、教師という仕事とは」を、わかりやすく述べたつもりです。

すぐ活用できる資料も加えて

そして学年を問わず学級ですぐ活用できる内容となるよう配慮しました。

ですから、このシリーズの1年生編から6年生編まで通してお読みくださると、トータルにその内容を学んでいただけると思います。

「小学校担任必携辞典」としてみなさんの本棚に常備していただけると、「ちょっと何かおもしろい教材はないかな」という時にお役に立つでしょう。

2009年1月　　奥田靖二

目次

増補新装版によせて●「小学校担任必携辞典」として　2

はじめに　7

1年生がおかしい!?　7

担任もため息のスタート　7

1年生の担任はどうしたらよいか　8

この本のポイント　8

大切なことは、マニュアルにはありません　8

どの花もおのおのに美しく　9

子どもたちを信じて　10

入学式の前日までに……　11

心の準備をしましょう　11

学級担任として準備するもの　11

教室でのあいさつの準備　12

担任の心がまえとして……　13

入学式　14

初対面　14

教室でのあいさつ　15

マジックで心かよわせる　16

あいさつのつづき　18

すぐ「学級だより」第2号を　20

はじめての「おべんきょう」　23

トイレの勉強　23

まずはトイレと保健室　25

自分の名前をかく　26

教室でのルールをきめる　38

学校めぐり　40

1年生歓迎会　42

1年生のあいさつ　42

はじめての給食　43

お誕生会をしよう　45

プログラムの例　45

おしゃべりができたえみちゃん　46

せんせい、あのね　49

「学級だより」は学級づくりの柱　51
1年生と「学級だより」　51
何を書くか　52
担任の思いを伝える　53
「学級だより」に楽しい記事を　56
子どもたちみんなの家の地図を　58
花クイズ・詩などを紹介する　59
生き生き「学級だより」をめざして　61
「今月の詩」などを載せる　62
親からのおたより　64

はじめての遠足　66
「しおり」づくり　66
当日のとりくみ　67
事後のとりくみ（例）　67

ノートをきちんと書く　69

たのしい図工①　71
さくら　71

たのしい図工②　74
「しましまくつした」をかこう　74
ふうせんをかこう　75
発展　77

あさがおの種まきと観察　79

あさがおの観察　80

読みきかせ　81

初めての保護者会　83
保護者会を楽しくする工夫　84
手づくりの教材の例　86
資料を用意する　86

子どもとのコミュニケーション　88
雨の日にも　88
子どもをニッコリさせるアイデア　89
スキンシップ・コミュニケーションを　90
「ふざける」ことの大切さ　92
本気で「あそぶ」　93
バトルロイヤル　94
「こまったさん」対応策　96

はじめての参観日　97
保護者が納得する授業を　97
マジックさんすう　98
参観日に心がけること　100

学年集会をたのしく　101
パネルシアター　102

たのしい歌声　103
ググピン　103
かえるのよまわり　105
こんめえ馬　107
歌入り準備運動　108

食べものをつくる　109
梅ジュースづくり　109
うめぼしづくり　110
赤カブサラダ　110
焼きイモパーティー、トン汁大会　110

夏休みのくらし　111
ぬり絵点検表をつくろう　111
保護者へのヒントづくり　112
夏休みのすごさせ方のヒント（例）　113
夏休み中の「学級だより」　116
夏休みのおたより　117

手づくり教材をつかって　118
くっつきの「を」「は」「へ」　118

かざりのことば　118

子どもと楽しむやさしいマジック　120
①消えるカード　120
②ティッシュのみこみ　120

運動会　122
①あっちこっちボール　122
②いもむしおくり　122
③あいてはだーれ　122
④おっかけつなひき　123
⑤子どもソーラン節　124

展覧会のとりくみ　126
牛をかく　126
紙版画　127

学芸会　131
創作劇のとりくみ　131
シナリオ　133

ゆうびんやさん　140
ゆうびんやさんになろう　140

文章づくり　143

かんげいのことばの準備　144

おわりに　146

増補編
若い先生たちへのアドバイス　150
教師の基礎・基本力をつける　152

1年生の基礎・基本　157
土台を築く　158
授業にはいる前の基礎・基本　160
学級づくりの基礎・基本　161

はじめに

1年生がおかしい!?

「はーい、いすにすわりましょう！」
と教室の１年生に呼びかけても、まるで聞こえてもいないようすでウロウロしていたり、何かを出しての遊びをやめようともしない子が何人もいます。
「○○くん、いすにすわって！」
「△△さん、折り紙をお道具箱にかたずけてね」
と、ひとりひとりの名を呼ばなければ、自分のことだとも気がつかないそぶりです。
　休み時間がおわっても教室にもどってこず、砂場でどろんこ遊びをしている子を呼びにいって、
「はい、△△くん、もう３時間めの勉強はじまってるよ」
と話しかけても、
「いいの、これしてるの」
と平気で遊びをつづける子もいます。

担任もため息のスタート

　このような１年生が１クラスに何人も出てくるような事態に、かなりベテランの教師たちからも、１学期そうそう職員室で「ため息」がきかれます。
「１年生の担任は、かわいくていいですね」といわれたのはひと昔以上前のことで、最近では教師たちのいままでの常識を上まわる子どもたち、また、新しい世代の親たちの登場とその対応に、教師がヘトヘトになったり、からだや心の病気にさえなってしまう事例もいくつもあるのです。

1年生の担任はどうしたらよいか

「1年生の担任はおもしろい！」
と言えるような、1年生担任必携のノウハウはないでしょうか。
　そのエキスをさっと習得して、毎日の子どたちとのやりとりに役立たせるヒントはないでしょうか？
「そんなに簡単じゃないですよ！」
と言ってしまえばそれまでですが、私自身のいままで10回を数える1年生担任の経験を活かして、そういう課題に挑戦することにしました。

この本のポイント

　1年生の指導のまるごとが、なんでもわかるBOOKになるように工夫しました。
　1年生をはじめて担任される方にも、何年かぶりの方にも、何度目かの担任でマンネリかなという方にも、この本をひらけば役に立つというものにしました。

①　次の日のために知っておきたいこと、
　　やるべきことがわかります。
②　毎日の指導をとおしての
　〈ⅰ〉　学級づくりのポイント
　〈ⅱ〉　学習のすすめ方のポイント
　〈ⅲ〉　保護者に対する働きかけのポイント
　を、簡潔に、なおかつ図などを多くしてわかりやすくするよう心がけました。
③　ヒントがいっぱい――なるべく具体的に、部分的にはそのままコピーして（または、すこし変えて）使えるように工夫しました。

大切なことは、マニュアルにはありません

　いちばん大切なことは、教師として子どもたちをどう考えるかの「児童観」「教育観」ではないでしょうか。
　私がいままでどの学年を担任しても、座右の銘にしてきた詩をご紹介します。

この詩は、安積得也《あずみとくや》氏の詩集「ひとりのために」（善本社）にある「明日」と題するものです。

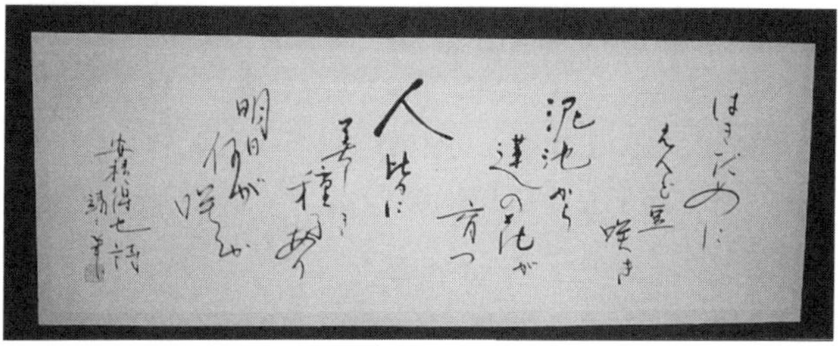

私は新しい学年を受け持つと、毎年これを自筆して、教室の後ろの壁の上部にかかげています。

朝一番、子どもと対面した姿勢で見ることのできる場所に——。

どの花もおのおのに美しく……

子どもたちをさまざまな花にみたてれば、この詩のなかに、子ども観へ通じるものがあることがおわかりでしょう。

春、いちはやく咲く花も、夏の太陽のもと咲きほこる花も、山陰にひっそり咲く花も……ひとりひとり、明日はきっと花ひらく１年生たちではないでしょうか。

くみ子　先生、がっこういく　おてがみきた。
（わあ、よかったねえ。）
ちえみ　わたしんとこも　なあー
（まわりの子どもうなずく。）
　　　　わたし、いぬにも　みせた。おふとんにも　みせた
　　　　じぶんにも　みせたなあー

（長野県幼児教育の会『ひなどり』より）

これは、入学を心まちにする子どもたちの気持ちのたかまりを示した対話です。人生のなかでも華々しく、みんなの祝福のなかにある小学校の入学を、どうすばらしいものにしていけばよいでしょう。

子どもたちを信じて

現象的には、１年生から大変という子どもたちの状況もありますが、基本では、子どもはどの子も伸びたがっています。

そういう子どもたちを信じることを基本に、やはり子どもたちを愛することを忘れずに、子どもたちに対応したいものです。

子育てがむずかしくなってきているといわれる現代にあっても、学校生活のスタート地点にある小学１年生には、私たちは日々、笑顔で接してあげたいものです。

そのためには、私たち自身が学び続けることと、誠実に実践をつみ上げ、保護者のみなさんとも心の通いあう連携をつくりあげることが大事です。

１年生の子どもたちの笑顔、笑い声、歌声がきこえてくる学級を期待したいものです。

入学式の前日までに……

担任が決まったら

心の準備をしましょう

教師も新鮮な気持ちになって、名簿をみながら、担任予定の子どもたちを想像して……。（名前の読み方のチェックも）

学級担任として準備するもの

入学式や、学級の具体的な準備は全校的なとりくみでできますが、担任としてのポイントを。

Point

❶「学級だより」第１号をつくっておき、入学式当日に渡せるようにするとよいでしょう。

❷「学年だより」は、担任群で相談して準備します。
当面必要な連絡事項がありますから、２～３枚とじて用意します。

❸ 入学式当日に渡すもの（教科書他）は一覧表にして表示します。

❹ 登校、下校の通路確認なども表示できるよう、準備しておきます。

❺ 自分の名前を正方形のマグネット板に１文字ずつ、ひらがなで書いておきます。（自己紹介に使います）

学級通信第１号

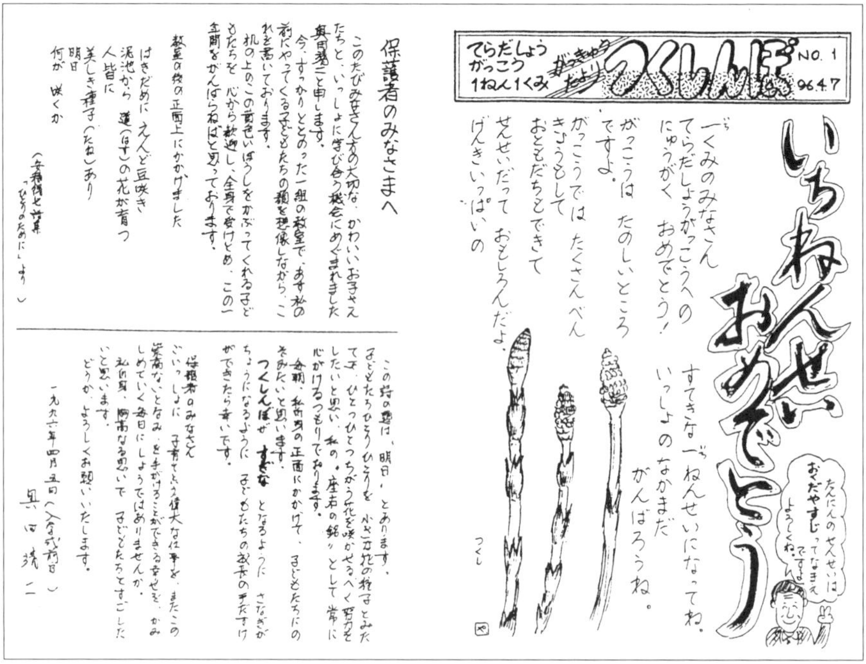
てらだしょうがっこう 1ねん1くみ がっきゅうだより つくしんぼ NO.1 96.4.7

いちねんせい おめでとう

一くみのみなさん
てらだしょうがっこうへの
にゅうがく おめでとう!
がっこうは たのしいところ
ですよ。
がっこうでは たくさんべん
きょうもして
おともだちもできて
せんせいだって おもしろんだよ。
げんきいっぱいの
すてきな一ねんせいになってね。
いっしょのなかまだ
がんばろうね。

保護者のみなさまへ

このたびみなさんちの大切な、かわいいお子さえたちと、いっしょに学び合う機会にめぐまれました奥田靖二と申します。

今、すっかりととのった一組の教室で、あす私の前にやってくる子どもたちの顔を想像しながら、これを書いております。

机の上のこの黄色いぼうしをかぶってくれる子どもたちを 心から歓迎し、全身で受けとめ、この一年間をがんばらねばと思っております。

教室の後の正面上にかかげました

はきだめに えんど豆咲き
泥池から 蓮(はす)の花が育つ
人皆に
美しき種子(たね)あり
明日
何が 咲くか

(安積得也 詩集「ひとりのために」より)

この詩の題は、明日、とあります。
子どもたちひとりひとりを 小さな花の種子とみたてて、ひとつひとつちがう花を咲かせるべく努力をしたいと思い、私の"座右の銘"として常に心がけるつもりでおります。

今朝、私の教室の正面にかかげて、子どもたちにのぞみたいと思います。

つくしんぼせ すてきな となるように さなぎがちょうになるように 子どもたちの成長の手だすけができたら幸いです。

保護者のみなさん
ごいっしょに 子育てという偉大な仕事を、またこの崇高ないとなみ、を手がけることができる幸せを、かみしめていく毎日にしようではありませんか。
私自身、胸高なる思いで 子どもたちとすごしたいと思います。
どうか、よろしくお願いいたします。

一九九六年四月五日(入学式前日)
奥田靖二

教室でのあいさつの準備

子どもたちとの出会いは大切です。もちろん、保護者との初の出会いも大切です。

当日は時間の制限がありますから、あらかじめ式後に教室で子どもと保護者に話す内容を準備します。

Point

❶ 大きめの原稿用紙に楷書で書きます。
❷ 当日はそれに目を落として読むのではなく、基本的にはおぼえて話せるようにしておきます。
❸ 原稿の要点を別の用紙に太めのサインペンなどで書きぬいておくとよいでしょう。
❹ 何度か声に出して練習しておきます。
（「あいさつ」の例を15ページに紹介しておきました。）

担任の心がまえとして……

私は入学式には、下着も上ぐつも新品にして臨みます。心がけ主義や精神主義かもしれませんが、「さあ、新しい１年生を担任するぞ！」という新鮮な決意を、こんなことで現わしたいからかもしれませんね。

入学式

初対面

　入学式の会場に１歩足をふみ入れたその瞬間、子どもたちも保護者の目も、新しい担任にそそがれます。
　この時に、
「あ、先頭だから１組の先生かしら……」
「なんだかやさしそうで……」
などと、第一印象による「評価」がくだされるのです。

Point

❶　ゆとりのある表情で。
❷　にこやかに、ほほえんで。
❸　入学式の最中は、子どもたちのほうをやさしく見やりながら——。

「○○先生です」と担任を紹介されたら、子どもたちの前に歩んでいって、明るい調子で「○組のみなさん、よろしくお願いします！」と声をかけましょう。（もちろん、他のクラスの先生とも打合せをしておくのがよいでしょう。）
　私の場合、その時、ひとりひとりと握手をして「よろしくね」「がんばりましょうね」……などと声をかけました。（各担任とも……）

　ひとりのスタンドプレーでなく、どんなやり方をするか共通のものを決めておきましょう。

教室でのあいさつ

　子どもたち、保護者の方たちといっしょに教室へはいり、学級だより第１号を配ってから、初対面のあいさつをします。私の話をひとつの例として紹介しましょう。

「みなさんは、きょうから○○小学校の１年生ですね。ご入学おめでとうございます。
　きょうからこの学校で楽しく遊んだり、お勉強したりしましょうね。
　さて、みなさんの担任の先生になった私は、さっき入学式で校長先生から紹介していただきましたが、名前はおぼえてくれたでしょうか」
（黒板に、11ページで用意しておいたマグネット板を、わざとバラバラに貼りつけます。）
「おや？　変ですね。そうそう、これでよしと」（マグネット板を、正しい順に並べなおします。）
「さあ、みんなで読んでくれますか」
子どもたち「はい、○○○○先生です。どうぞよろしくお願いします」
「みなさん、わたしはこの○○小学校１年○組を、とっても楽しいところにしようと思っています。きょう、みなさんとはじめて会いましたが、わたしとみんなはとてもなかよしになれそうですね。
　では、みなさんのお名前を呼びますから、大きな声で『はい！』と返事して、手を挙げてくださいね」
（呼名します。）
「みんな、よくできましたね。○○名、全員いましたね」

マジックで心かよわせる

◆消えるティッシュ

「みなさんがとてもよい子ですので、みなさんの入学をお祝いして、先生から手品のプレゼントをしてあげましょう」

1 「ここに１枚のティッシュがあります」
ティッシュを右手の人さし指と中指でつまむ。

2 ティッシュを、左手の親指と人さし指の間から甲へかかるように乗せる。

3 その姿勢のまま、両手をユラユラと上下に振る。

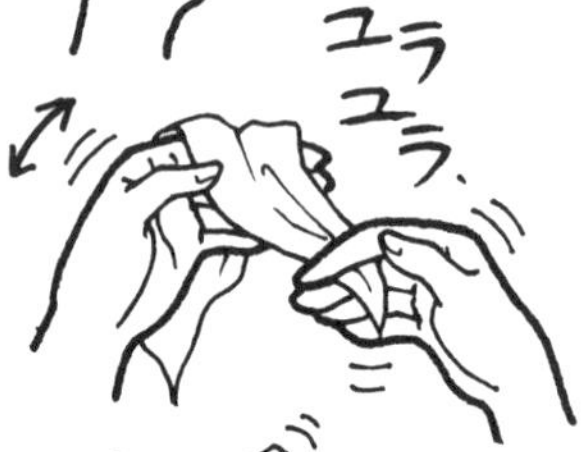

4 「はい、まるこめ、まるこめ、まめこめて」

左手の内側で、右手の親指、人さし指、中指を使って、ティッシュをたくしこむように丸めていく。

5 半分ていどを丸め込んだら、
「このように丸めますね」
左手の内側をみんなのほうに見せる。

♠みんなに、丸まったティッシュの残像を残すためですから、はっきりティッシュの存在を確認してもらってください。

6 「もっと小さくまるこめて」

左手の親指と人さし指の間にはじが１㎝くらい残るまで、ティッシュを丸める。

7 「まるこめ、まるこめ、まるこーめ…」

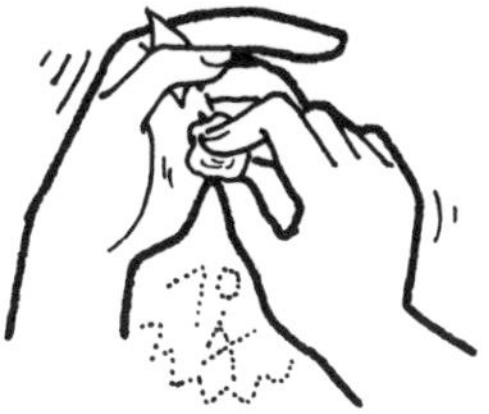

ティッシュを左手の親指と人さし指ではさんで、右手で丸めた部分をちぎりとる。

ちぎりとった部分を右手の中に握り込む。

♠ ちぎりとったティッシュがみんなから見えないように注意して。

8 「もっと小さく、ギュッ、ギュッ！」

右手の人さし指で、丸めたティッシュを左手の内側に押し込むジェスチャー。

9 「そうそう、魔法の薬を、出しまして……」

右手をポケットに入れて、丸めたティッシュをポケットの中に落とす。

魔法の薬をつまんでいるようなジェスチャーをしながら、右手をポケットから出す。

10 「パラパラパラ」

薬を左手のティッシュに振りかけるジェスチャー。

11 「ティッシュのはしをプチッとちぎります」

左手の親指と人さし指ではさんでいたティッシュを全部、右手でつまみあげる。

♠ ちぎっているように、右手の指をちょっとひねるようなジェスチャーをまじえましょう。

12「これ、ちょっともっててくださいね」

　つまみあげたティッシュは、前列の子どもにもってもらうか、机の上に置く。

13 両手のこぶしを合わせて、息をふき込むジェスチャー。

「パッ！」

　左手を開いて、なにもない手のひらを見せる。

「さあ、あしたもなにか楽しいことがあるかな。あしたからは、お父さん、お母さんは君たちといっしょに学校に来ませんから、みなさんひとりひとりランドセルをしょって、学校に来てくださいね。

　では、後ろにおられるお父さん、お母さんにちょっとお話をしますから、そのまま待っていてくださいね」

あいさつのつづき

●保護者に向かって

「さて、保護者のみなさん、お子さんのご入学おめでとうございます。担任となりました○○○○です。どうかよろしくお願いします。

近ごろは、子どもたちの子育て、教育をめぐり、いろいろむずかしいことや困惑するような事件を見聞きして、不安をお持ちの方もおられると思います。

きょう小学校生活のスタートをきった子どもたちの健やかな成長を願って、私も全力をつくしたいと思っておりますので、みなさん方のご協力をお願いしたいと思います。

私は、さきほどお渡ししました学級だより『つくしんぼ』第１号に書きましたとおり、また、この教室の後方に貼り出しました、あの１篇の詩――『明日』と題した詩なんですが、

“はきだめにえど豆咲き、泥池から蓮《はす》の花が育つ
　人皆に美しき種子《たね》あり、明日、何が咲くか”

を教育理念の一端として、お子さんひとりひとりのなかにある、おのおのの色合いも芳りもちがった花を咲かせてあげられるよう、努力してまいりたいと思っております。

保護者のみなさんも、なんなりとご意見、ご要望をおよせくださいますようお願いいたします」

●子どもたちに向かって

「そうそう!!　もうひとつ、みなさんにプレゼントがありますよ！　これは何でしょうか？」

（その日の朝、近くの野原でつんでおいたつくしんぼをとり出す。）

子ども「つくしんぼだ！」

「そうです。これはけさ早く起きて、近くでとってきたつくしんぼです。みなさんに１本ずつプレゼントしましょうね。

つくしんぼって、食べられるんですよ。この『はかま』っていうところをとってね、フライパンにちょっと油を入れて、ジャージャーいためて、おしょう油ポトンとおとしてね……。

このおたよりの名前を『つくしんぼ』ってつけたので、先生がとってきたというわけです。

●保護者へ

「では、あとでここに示しました今日お渡しするものや、通学路などを、お子さんといっしょにお調べください」

●子どもたちへ

「では、みなさん、あした元気に学校に来てくださいね」

翌日さっそく、次のような手紙がとどきました。

……入学式には、親子の緊張の糸を手品でほぐし、ご苦労と心くばりの中、子供達を迎えていただきありがとうございます。
　当日は、ずい分とお疲れになった事と思います。
　親子ともども、あたたかなご指導のもとで成長していきたいと思っています。よろしくお願いいたします。

後日きいたところでは、いくつものお宅で、1本だけのつくしんぼ料理をつくったそうです。

すぐ「学級だより」第2号を

保護者のみなさんは、入学式の翌日、ひとりですごしたわが子のようすはどうだったのか、関心が高いものです。ですから、教室での子どもたちのようすもとり入れて、できるだけ「速報」的に学級だよりの第2号を出したいものです。

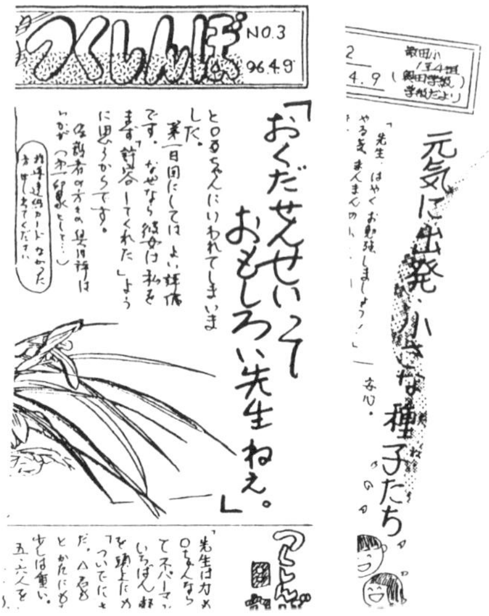

Point

❶「元気に出発、小さな種子たち」「おくだせんせいって、おもしろいね」など、子どもたちの発言をタイトルにしたり、「つくしんぼたちの日記」といった、子どもたちのエピソードをえがいたコラム的な記事もおもしろいでしょう。

❷ 記事に、担任の教育や子どもたちへの思いを少しずつ入れていきます。

例えば、入学式のあいさつにとり上げた“人皆に美しき種子あり……”の詩にこめられた担任の思いを、補足したりします。

入学式には出席されなかった保護者や家族の方々へのメッセージとしても、担任教師の教育観、児童観がやさしいことばで伝わるように心がけます。

❸ 写真を入れましょう。最近の印刷機には「写真モード」があります。まずタイトルと記事にあわせて写真を原稿におき、黄色のフェルトペンで写真部分のスペースをかきます。（黄色は印刷に出ません。）

最初に写真をとりのぞいて印刷します。次に写真モードにして、べつの白紙に位置がずれないように写真を貼って、二度目の印刷をします。

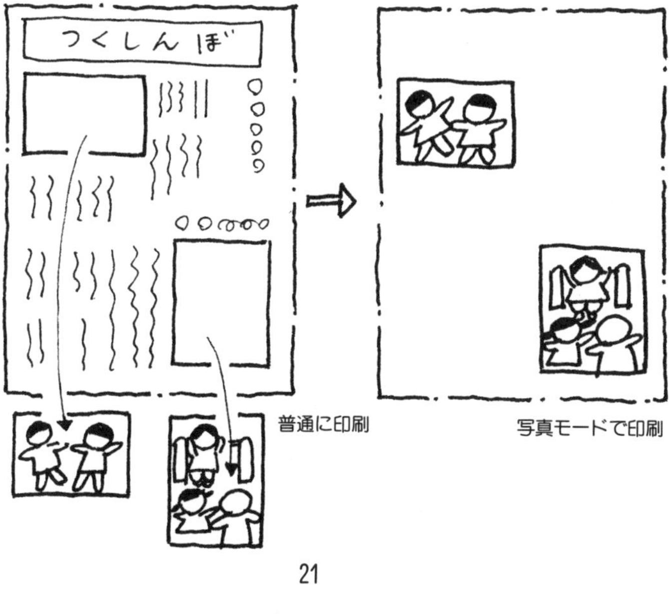

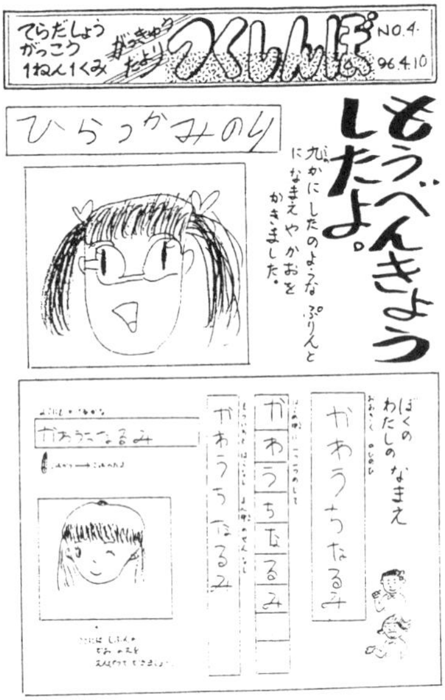

写真を入れた「たより」の例

入学式

はじめての「おべんきょう」

トイレの勉強

「そうですね。では、さっそく
はじめてのお勉強をしましょう」

「そうです。みんながおしっこやうんこをしたくなった時は、『トイレに行ってきます』と先生に言って、トイレに行ってよいですよ。みんなが勉強をしている時でも、がまんができなくなったら、えんりょしないで言ってください。
『はずかしいな』と思う時は、だまって先生のところにきて、小さな声で『トイレに言ってきます』と言ってください。いいですね？
　でも、それが言えなかったり、ちょっとおなかの調子が悪くて『おもらし』しちゃったら、そっと先生に『おもらししちゃった』って言いにくるか、おとなりの子に『おなかがいたいので先生に言って』とたのみなさいね。

　おもらしは、はずかしいことではありません。もし、おとなりの子のようすが変だったり、ちょっとへんなにおいがするなと思ったら『おもらし、おもらししーちゃった』とか『あーらら、こららー』とかさわがないで、先生に『○○ちゃん、ちょっとへんだよ……』とそっと教えてね。わかりましたか？」

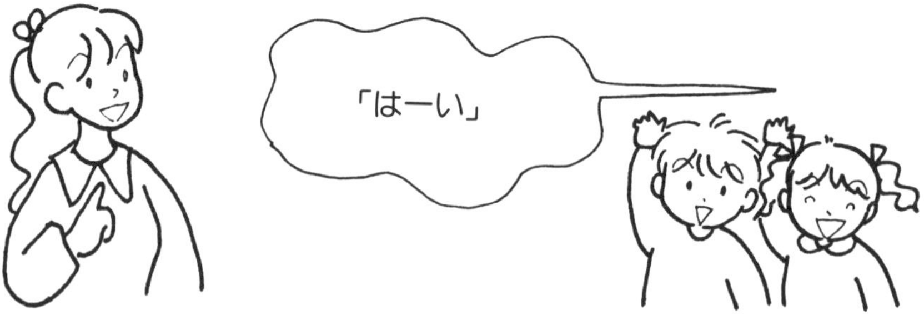

「はい、これでさいしょの勉強はおしまい。
これからトイレにいって、学校のトイレの使い方を教えてあげましょう。
みんなのおうちのトイレとちがっても、がまんしないで学校のトイレを使ってもらえるようにね」

まずはトイレと保健室

入学後２～３日の間に「校内めぐり」をすることが多いですが、トイレと保健室の他は、緊急性は少ないでしょう。

トイレの使い方を現場で教えたあとは、保健室をみて、１時間できりあげます。

通りすがりに紹介する部屋があれば、ここは「○○のへや」と教えてもよいでしょう。

自分の名前をかく

「さあ、いよいよエンピツを出してください。
エンピツのもち方はみなさんいいかな？」

●エンピツの持ち方

「まず、１本のエンピツをつくえの上におきます。けずってあるほうを、自分のおへそのほうにむけておいてごらん。(①)

そして、けずってあるすこし上を右手のおやゆびと人さしゆびの２本でつまんでください(②)」

「こんなふうにね(③)」

(教師は対面していますから、左手に持ってください。)

「そして、左の指で『よっこらしょ』とエンピツをたおしましょう(④)」

子どもたちと同方向を向いて、エンピツを右手に持ちかえて、何度かやってみせます。(⑤)
そして、ひっこんでいた中指をエンピツにそっとくっつけます。(⑥)

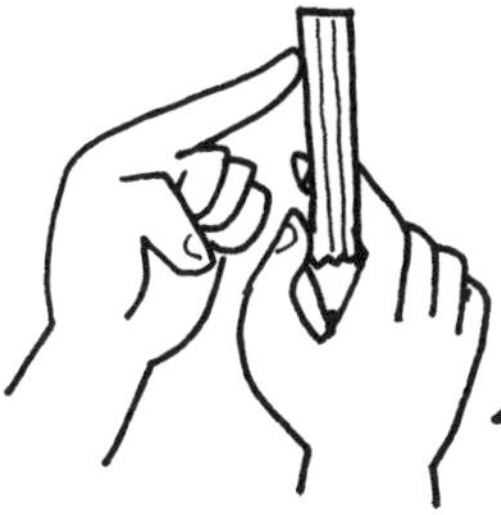

⑤

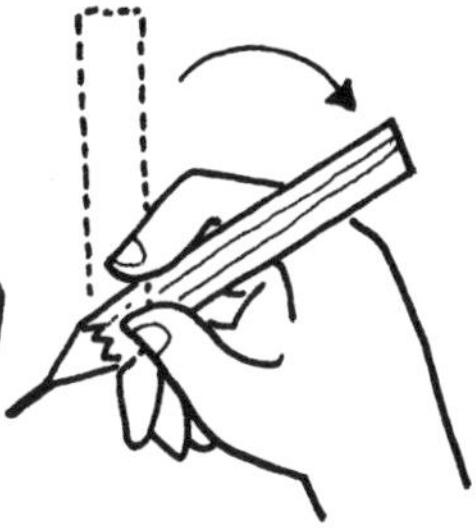

⑥

「これがエンピツのもち方です。くるくる、紙の上で書いてごらん。(⑦)
『これじゃ、字がうまく書けないよ』という人は、だんだん正しいもち方を練習しましょうね」

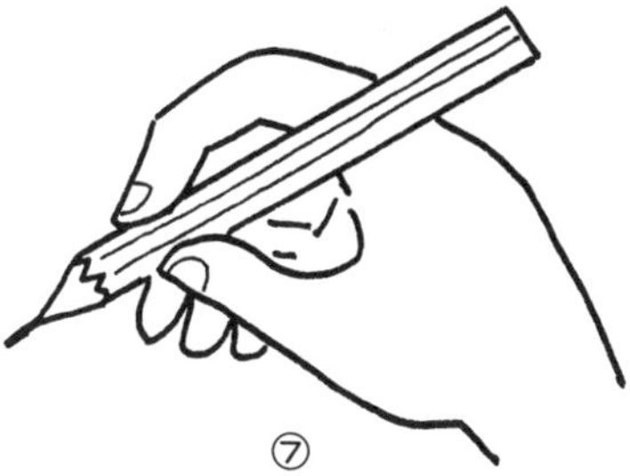

⑦

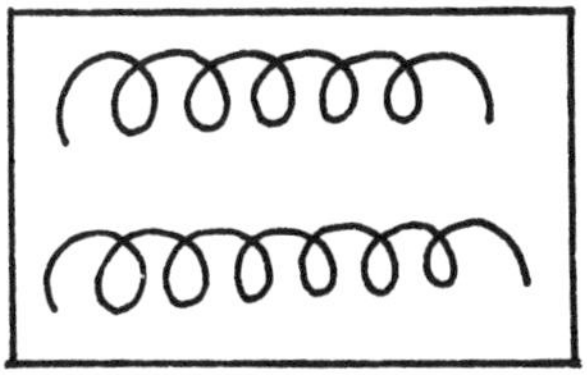

⑦練習用紙

●自分の名前をかく

「では、この紙に○○小に入学してはじめて、自分の名前を書いてください(⑧)」

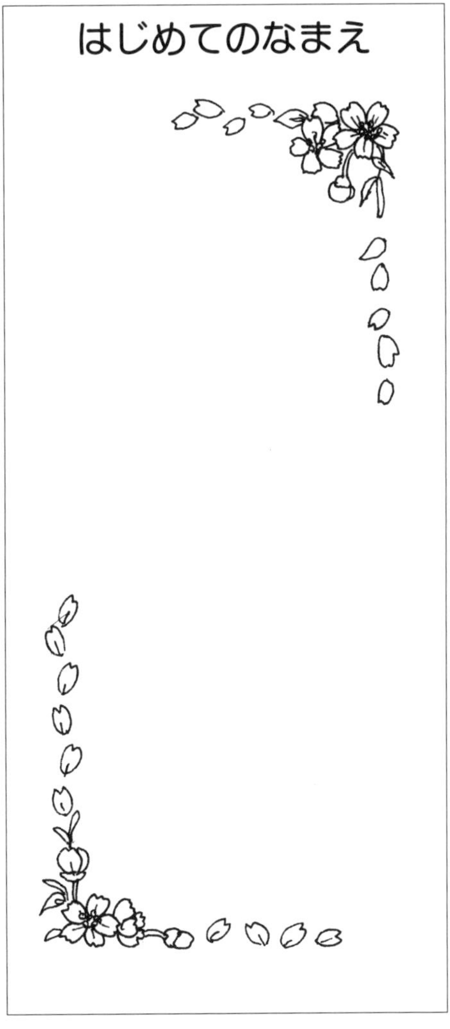

⑧これは入学記念に展示するための名札です

⑨

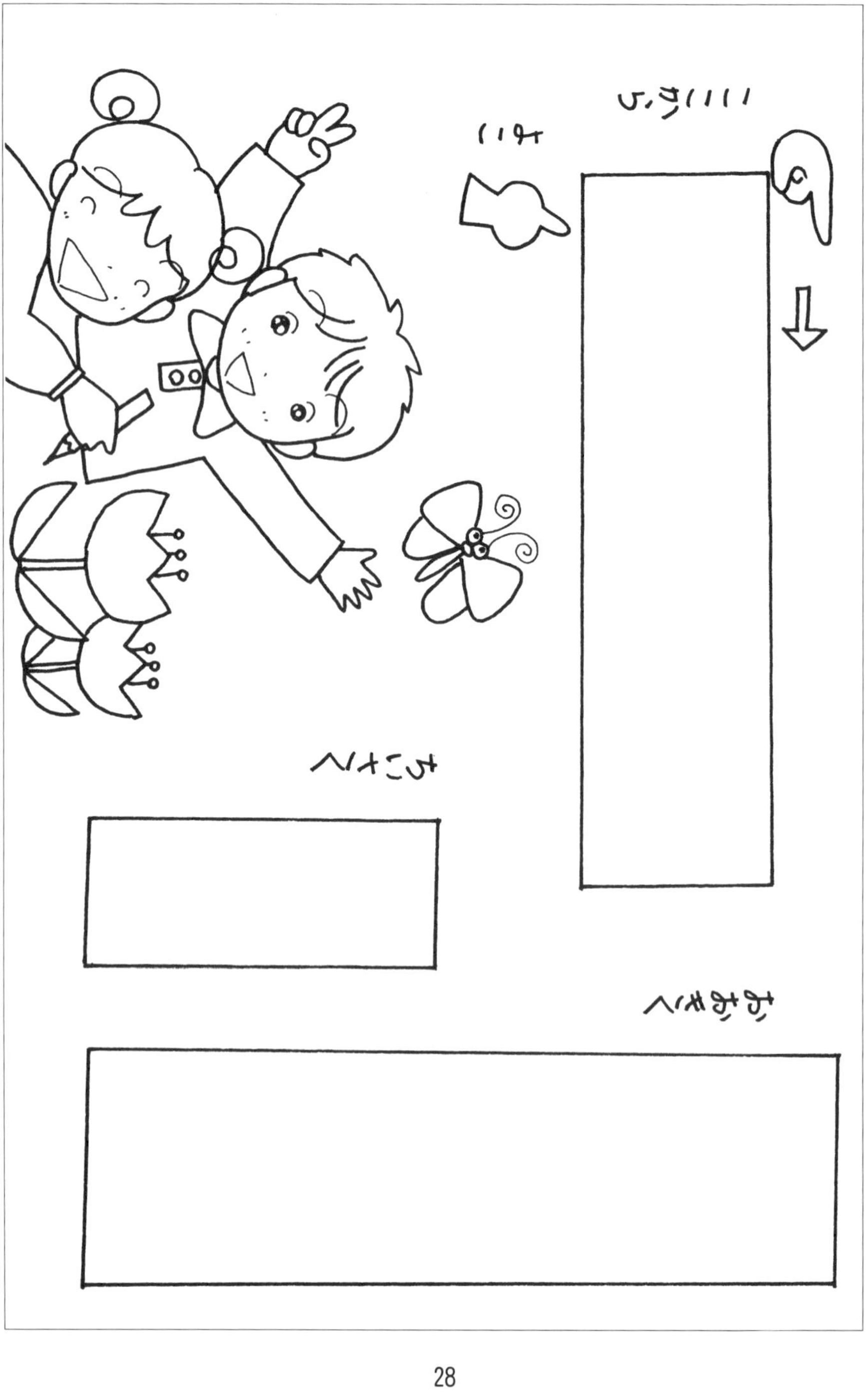

「こっちにも書けるかな。大きいのや、小さいのやよこにも書けますか？(⑨)」
「ちいさく」の欄は切りとって「学級だより」用に使います。

●エンピツがきの練習（色エンピツも同じです。）

「くるくる、上いったり、下いったり……。とりさんが、えさをたべにいきます。かたつむりさんのさんぽです。そろそろそろっと、かいてね」

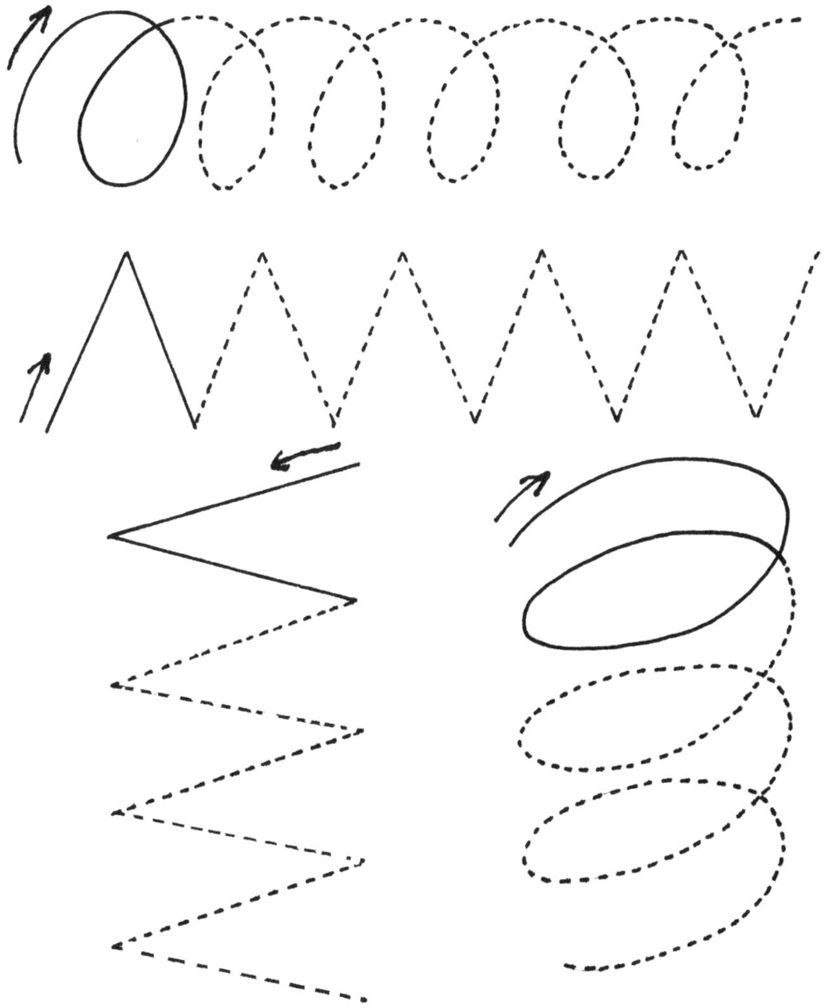

くるくる、ぎざぎざ

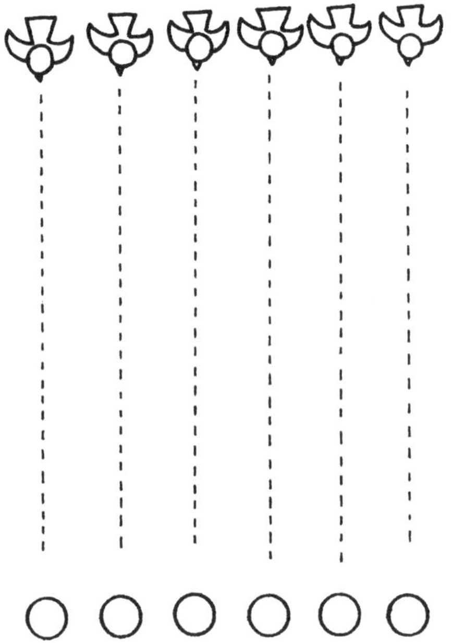

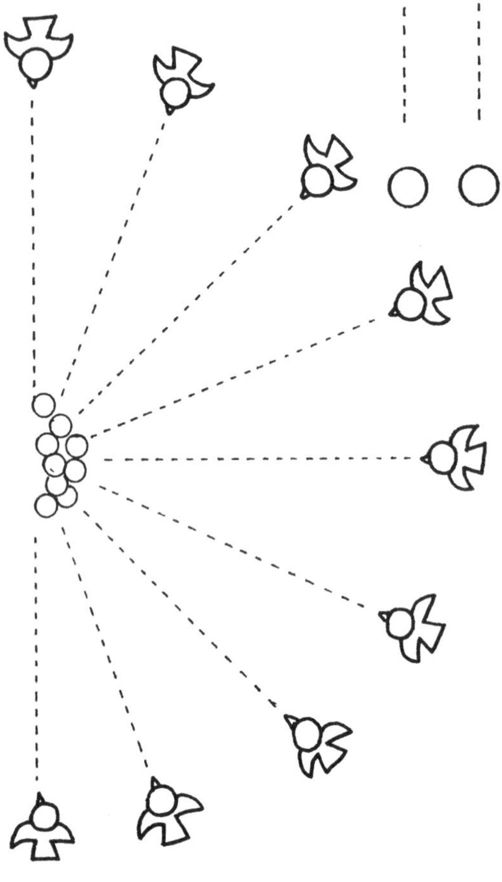

とりさんと
おなじいろのえさをたべに
いきましょう。

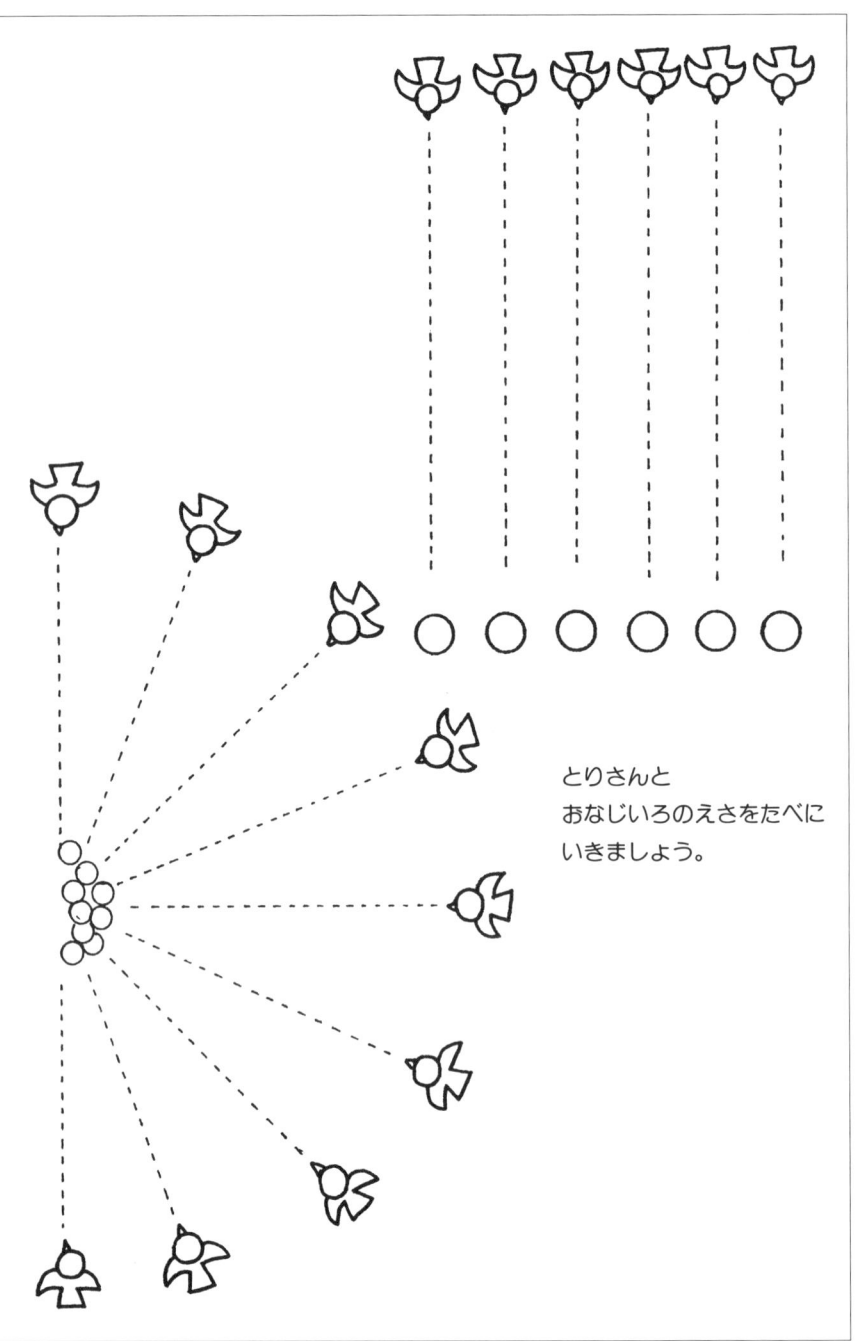

かたつむりさん
いろんなところを
おさんぽして
またかえってきてね。

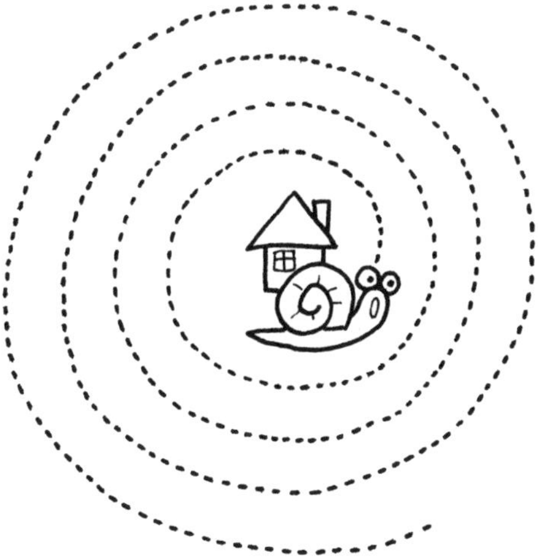

かたつむりさん
ぐるぐるぐる、おうちの
まわりを何かいまわれ
ますか。

たねから　めが「すっ！」
たねから、うえへ「すっ」とかくといいね。
（えんぴつにあまり力を入れないでかいてごらん。）

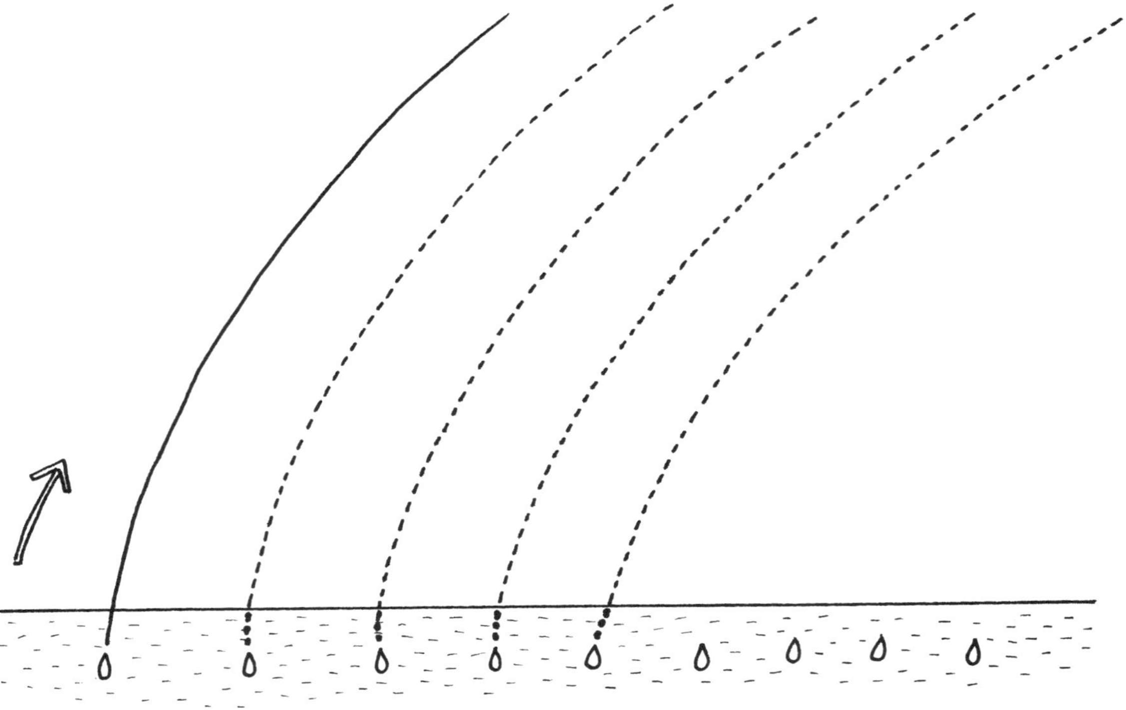

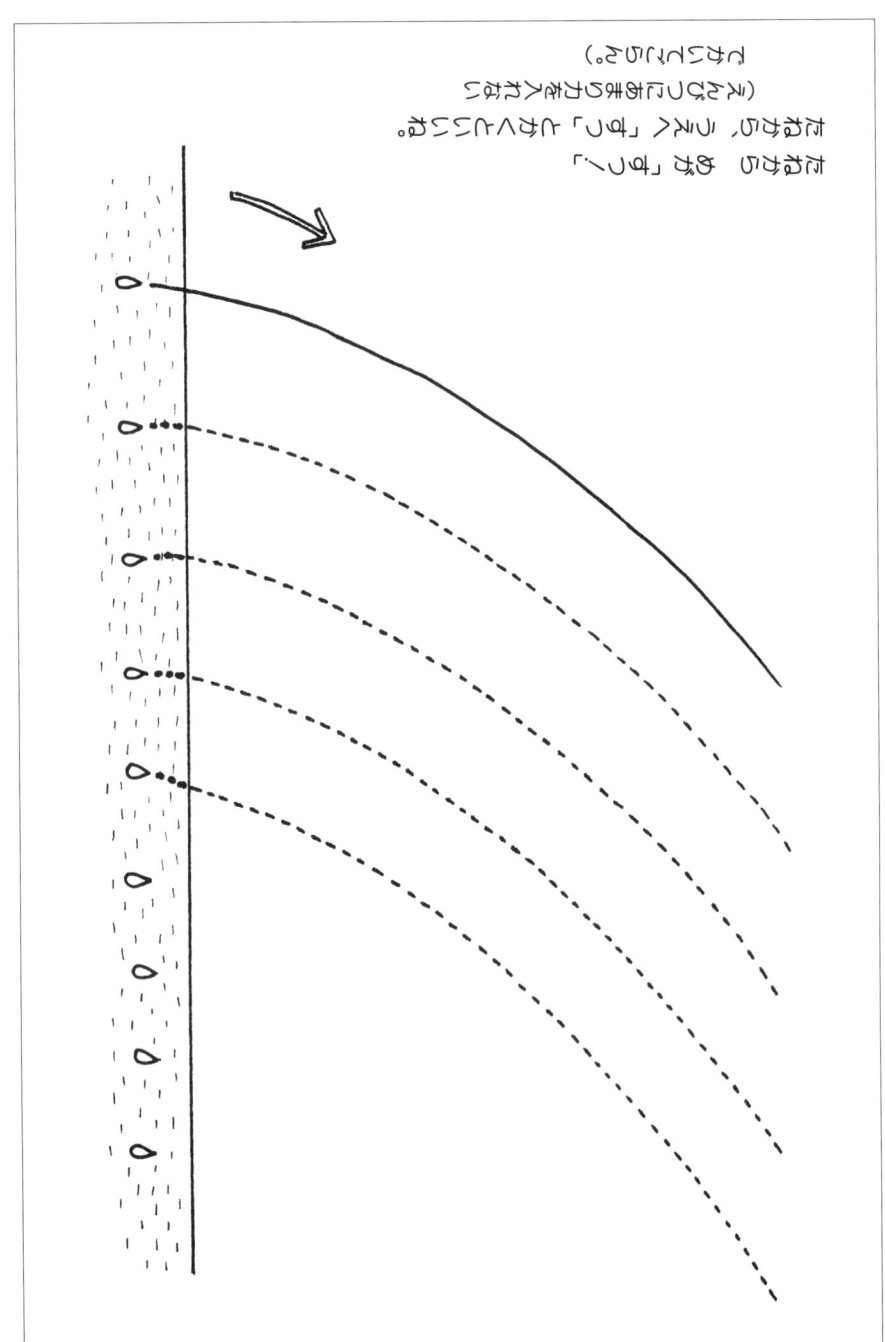

●文字の練習

むずかしい「あ」からはじめるのは、好ましくないと思います。

創作のプリントを考えましょう。

どんな順序で文字を教えるか（一筆でかけるものから…）。あいうえお順や、清音から……としなくても、単語でおぼえるほうがわかりやすいでしょう。

●10〜15文字教えたら、文字カードで

「この文字をつかって、つくれることばをさがしましょう」

文字をマグネット板に書いたものを用意しておきます。

習った文字を掲示板に貼っていきます。

子どもたちが、まだ教えていない文字のはいった単語を言ったら、

「そう、いぬの『い』の字はこれですね」

と言ってあげます。そして、板書で

「『ぬ』の字はこんなふうに書くんだね」と書きます。

もじのべんきょう ①

なまえ

つくし

つくし

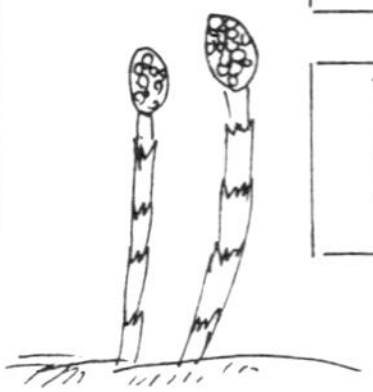

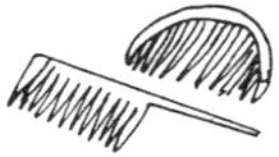

くし

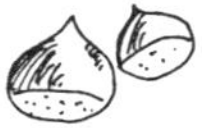

くり

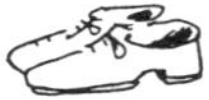

くつ

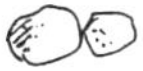

いし

しせいを ただしく

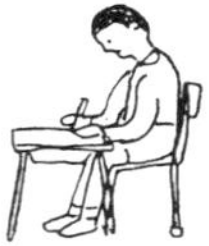

えんぴつの もちかた

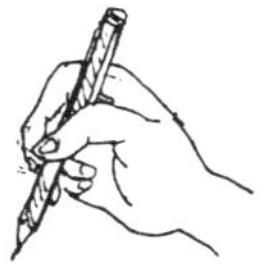

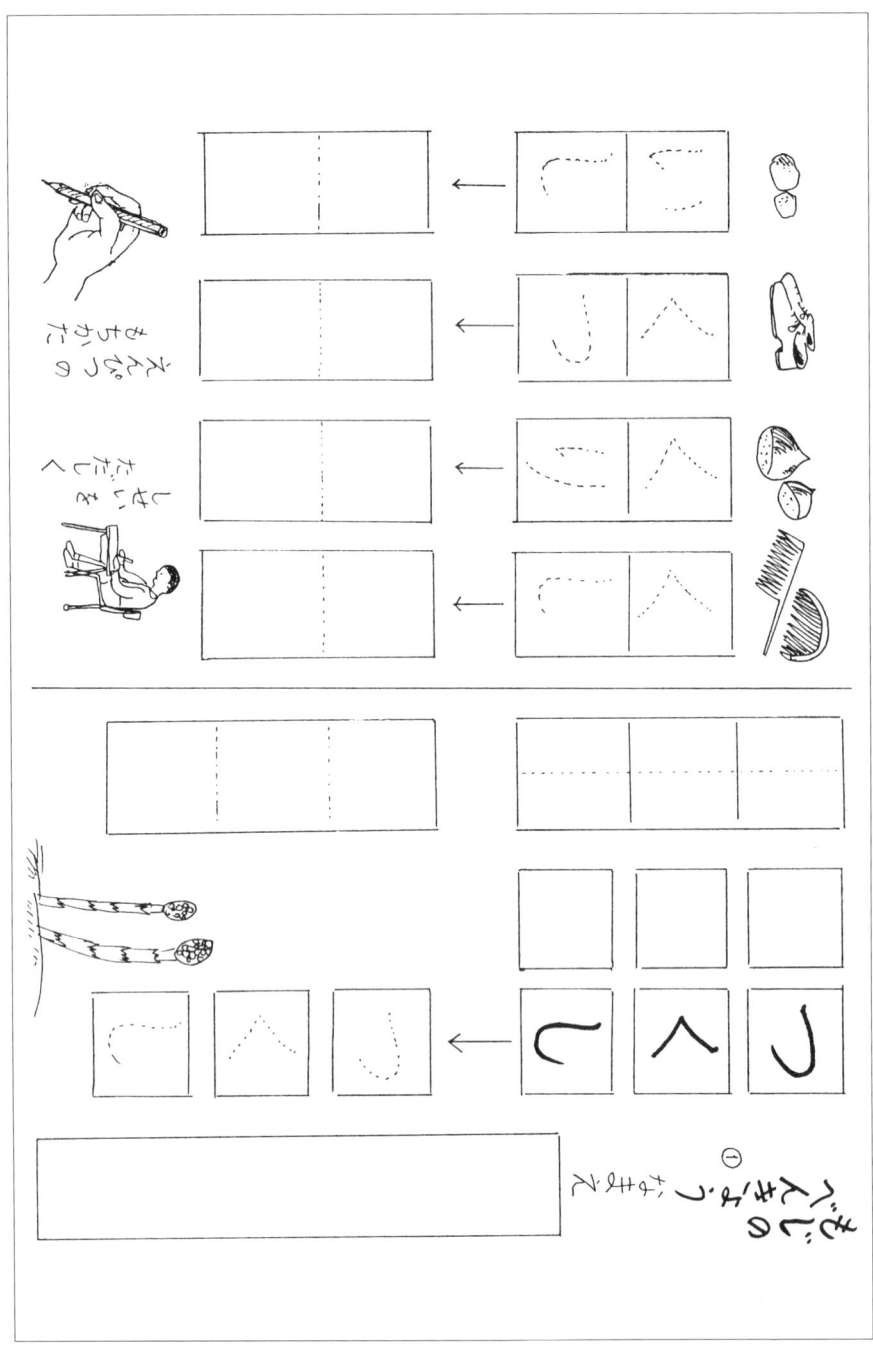

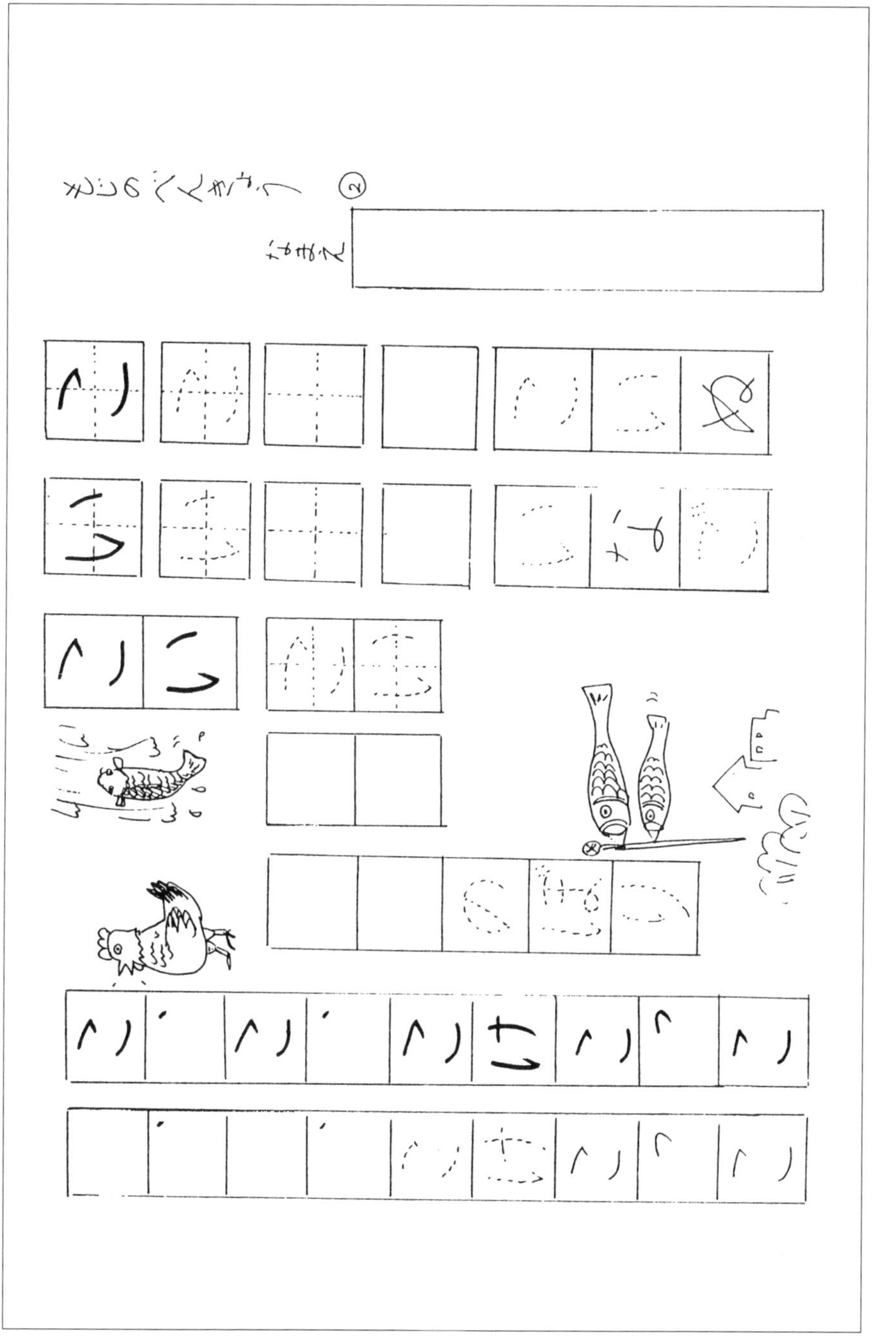

はじめての「おべんきょう」

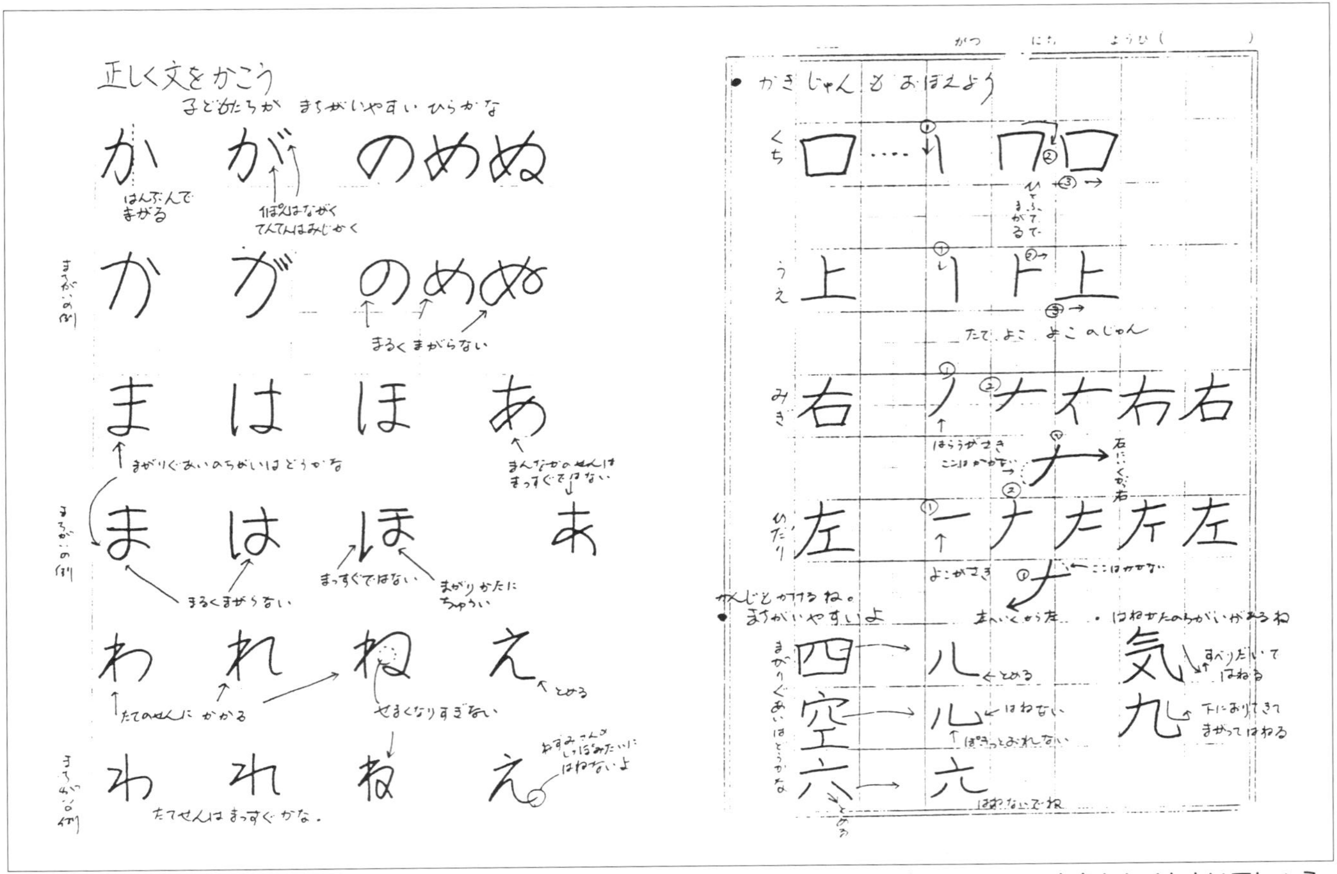

（注） 先生自身がつねに正しい文字をかくとよいでしょう。

●○の字のチャンピオンはだれかな

「さあ、きょうの○の字、じょうずにかけるよッていう子、前に出て黒板に書いてくれる？」
「はーい、ハーイ！」
どの子も一生懸命です。
「さあ、だれがきょうのチャンピオンでしょうか」
「A子ちゃんもうまいねえ。B君も大きくかけたね。わあ、C子ちゃんなんて、先生よりじょうずかもしれないよ！」

この時のようすも写真に撮って、学級だよりにのせるとよいでしょう。

●はじめての署名

28ページのプリントの一部を切りとって「学級だより」にならべて、みんなの署名を印刷します。
保護者へ向けた、ただし書きをつけます。

> 文字の上手、下手、誤りについては、指摘なさいませんように。お友だちとの比較も不必要です。これは１年生の記念のあしあとです。ほめるだけ、ほめるだけ……

プリントの大きく書いた部分は、教室展示用にします。

取りはずしたあとは記念に保管しておき、卒業時に渡すようにします。（転勤していても、お祝いのことばといっしょに送ったりすると喜ばれます。）

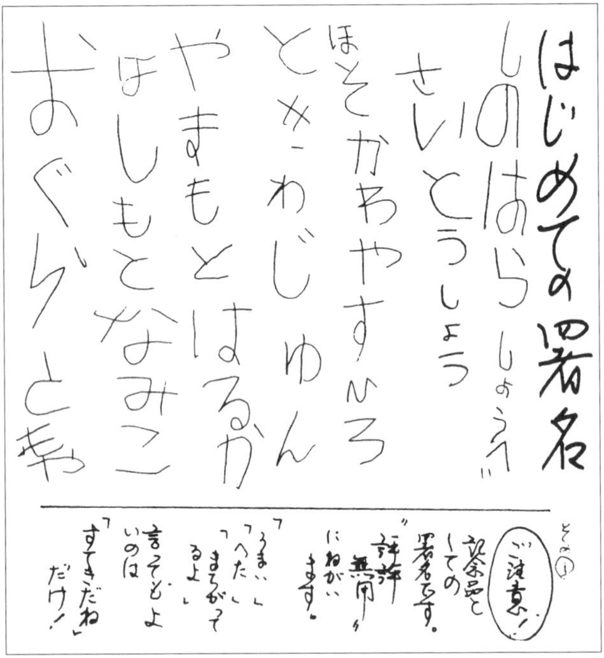
はじめての署名
しのはら しょうへい
さいとう しょう
ほそかわ やすひろ
やまもと はるか
ほしもと なみこ
おぐら ともや
その1
ご注意!
記念品としての署名です。
"評価無用"にねがいます。
「うまい」「へた」「まちがってるよ」
言ってもよいのは「すてきだね」だけ!

教室でのルールをきめる

保育園や幼稚園で、さまざまな「あいさつ」のし方や、ルールを教えられてきていますので、このクラスでは――というものをいくつか約束しておくと、子どもたちを把握しやすくなります。

●登校したら

① くつばこ、傘立ての確認と入れ方

② ランドセルから出したものやぼうしの収納のし方（机やロッカーへ入れるものと、かけておくものの区別。）

③ 先生が来るまでのすごし方（数週間は６年生などにみてもらいます。）

●学習の前に

はい　げんきです

あさのかい
① あいさつ
② げんきしらべ
（おやすみしらべ）
③ にっちょくさんの
おはなし
④ せんせいのおはなし

①は唱えるような言い方でない工夫をしましょう。③では毎日２人くらいに「きのうのできごと」などを話してもらいます。

朝の会は、あまり長くならないように気をつけましょう。

●学習のルール

① 各時間に必要なものを机の上に出す。(最初は１つ１つ指示をして、だんだん自分で用意できるようにします。)

② 中休みの前に、３時間目の用意を出して、あそびに出るようにする。

③ 体育の時の着がえとぬいだもののたたみ方を、何度か練習する。

④ 手の挙げ方。
「はい」は１回だけ。立ちあがり方、すわり方。

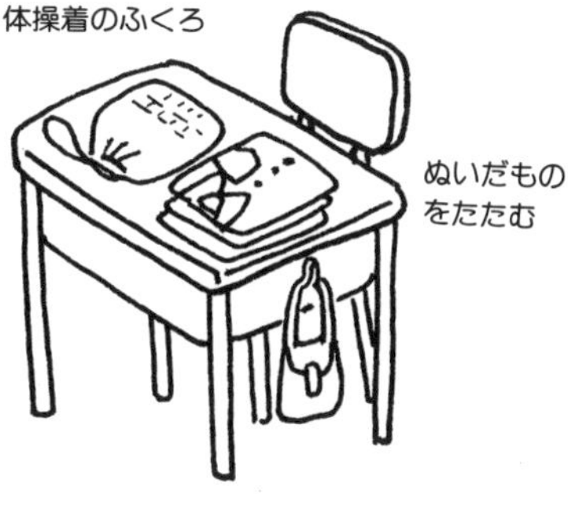
体操着のふくろ
ぬいだもの
をたたむ

⑤ 声の出し方
つねに大声でなくてもよい方法
●**ありさんのこえ**……となりの人にきこえるこえ
●**ことりさんのこえ**……５～６人の人にきこえるこえ
●**ライオンさんのこえ**……きょうしつのみんなにきこえるこえ
（１の声、２の声などと呼んでもよい。）

ありさん
ことりさん
ライオンさん

●体育の時間や、整列する時の合図

「ピーッ！」…………あつまる
「ピッ！」……………すわる（体育ずわり）
「ピッ、ピッ」………立つ
「ピーッ、ピッ！」…おしゃべりやめ
などと決めておくとよいでしょうね。

●プリントの折り方

配布したプリントを２つ折り、４つ折りにすることや、ランドセルへの収納のし方を練習して、習慣化します。
（プリント物をいつもはさむファイルなどがあるとよいでしょう。）

学校めぐり（生活科）

２年生の協力でおこないます。

２年生と１年生で６人ぐらいの班をつくり（児童数にあわせます）、２年生が１年生を案内する「学校めぐり」にするのはいかがでしょうか。（２年生にも進級の自覚を高める役に立ちます。）

●計画例

⑴　１年生と２年生の対面（体育館）
先生の紹介、１、２年生のあいさつ、プレゼント、班づくり（名刺交換、自己紹介、手をつなぐ子を決めるなど）
⑵　班の仲間とあそぶ。天気のよい日は校庭でも……。
⑶　名札づくり、たんけんコース（校内の絵地図）の確認。（２年の役目）
⑷　学校たんけん。各班の教室へ集合。注意。２年生が案内、説明する。
⑸　発見カードを記入、シールはり、教室標示づくりなど。（シールは各教室の入り口に置く――おのおのの発見カードの教室の絵のところに貼る）

他の職員のみなさんの協力を得るよう配慮しておきます。

⑹　ひとめぐりしたら、カードに色をぬったり、1、2年生で感想を発表したりする。

⑺　教師は2年生の担任と協力して、校内にわかれ、他の学年に配慮（さわがしくないようになど）した指導にあたる。

1年生歓迎会

対面式

1年生のあいさつ

上級生が企画してくれる１年生歓迎会（対面式）に参加します。

１年生のあいさつの準備をします。

●あいさつの例

A　おにいさん、
B　おねえさん、
C　ありがとうございました。
全　ありがとうございました。
D　わたしたちは
E　○○小学校の１年生になりました。
F　みなさん、よろしくおねがいします。
全　よろしくおねがいします。
G　これから、みんなげんきで
H　がんばります

各校の状況で創意的にコールをします。

★「１年生になったら」や「チューリップ」「はるがきた」などの歌をうたうのもよいでしょう。
★　子どもたちは自分でかいた名札を胸につけます。
★　上級生は記念のペンダントなどを用意しておきます。
★　だしものは学年ごと（各学年３分くらい）でおこなうようにします。

はじめての給食

はじめてのといっても、どの子も保育園や幼稚園で経験しているのですから、すべて担任が一から面倒をみることはありません。

Point

❶ ワゴンなどは重くて、子どもだけでは運べないので注意。

❷ 食カンは重く、献立によっては熱いものもあるので、担任が運びます。（「あつい」の札をかける。）

❸ １クラスの量が多いので、配分のぐあいがうまくいかないことがあります。最初の3つ、4つは担任がしてみせます。（熱いものはすべて。）

❹ 手洗い、机上の準備などは、できるだけ子ども本人にやらせます。

❺ 配る順番や当番のさせ方などは、実情に応じて決めます。（うまくやれない子を手伝ってあげる。）

配膳後の待たせ方や、あいさつ、放送のきき方なども同様に。

❻ 食事中、牛乳ビンをたおしてこぼすこともあるので、バケツ、ぞうきんを準備しておきます。

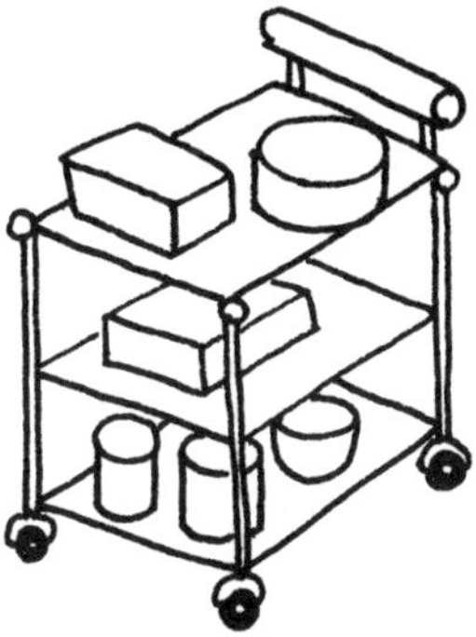

ワゴンに「あつい」の札をさげるとよい。

●給食指導　食べものとからだ

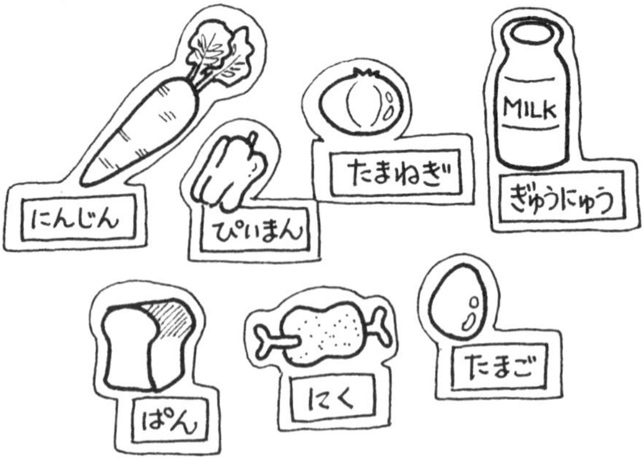

食材の絵をいくつか用意して、裏にマグネットをつけておきます。

また、

からだのにくやちをつくる

からだのちょうしをよくする

ほねやはをつくる

などのカードをつくっておいて、示しながら、食べ物とからだについての話をします。

他に

手をあらう（ばいきんをながしたり、ころす）

びょうきをふせぐ

など、絵カード入りで指導します。

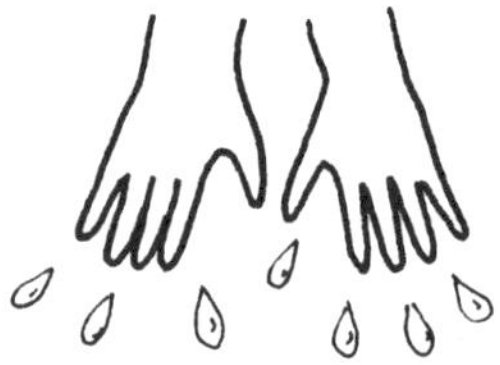

手をあらう
（ばいきんをながしたり、ころすよ）

●給食室の見学

可能なときは「生活科」とも位置づけて、給食室の見学をします。（栄養士さんらの協力を得ます。）

お誕生会をしよう

プログラムの例

１ヶ月に１回、生活科の時間などを活用して「おたんじょうかい」をひらきます。

その月に誕生日を迎えた子どもたちを、月末におおいわいするようにします。

●お誕生会のプログラム例

1．はじめのことば
「これから○月のおたんじょうかいをします。みなさん、たのしくすごしましょう」
………日直や、係の子にやってもらいます。

2．おたんじょうびの人のしょうかい
「○○ちゃんは、○月○日にうまれました」
………わかれば、生まれた街の名などもまじえます。

3．おめでとうのうた……「ハッピーバースデー」など。

4．おいわいのだしもの……班やグループで用意したうたや合奏、クイズなど。

5．おいわいのことば……お誕生日をむかえた子への注文や意見。

6．ぼくの、わたしのことば

7．プレゼント……手づくりのものを。先生からは似顔絵などもよいでしょう。

8．先生からのだしもの……ゲームや手品をしてあげます。

9．おわりのことば……日直や係の子。

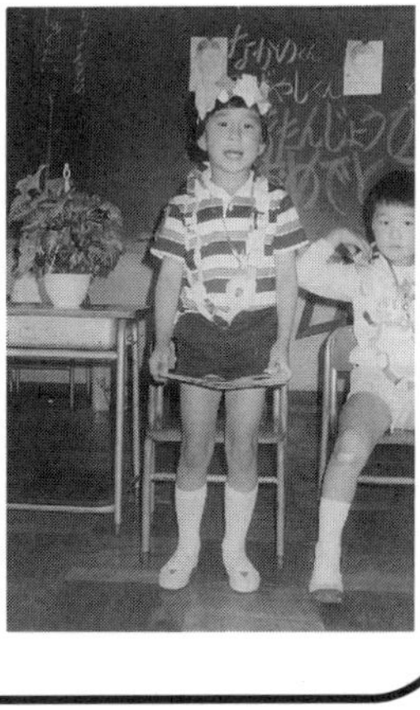

「7才になったので
もっと大きな声で 本よみが
できるようにします」　など

おしゃべりができたえみちゃん

お誕生日のエピソード

えみ子ちゃんは入学以来、ひと言も口をききません。

朝、「おはよう！」と声をかけても黙ったままです。友だちともあまり遊ぼうとせず、ぽつんとしています。

ある日、学級の子どもたちに２本のタンポポの花を見せました。

「みなさん、この２つのタンポポを見てごらん。同じように見えるけど、こっちは日本にずーっとむかしから咲いていたタンポポ、こちらはよその国から、あのワタ毛のついたタネが、船に積まれた荷物なんかにくっついて、この日本にやってきたタンホポ……」

わたしが教室へ持ちこんだニホンタンポポ（カントウタンポポ）とセイヨウタンポポをみんなにまわして見せながら、

「ほら、この花の下のところの緑のところを見てごらん」

と、２種類の見分け方を教えると、子どもたちのあいだに、最近はめずらしくなってきたニホンタンポポさがしがはじまりました。

２日後、しっかり者の真友子さんが、

「先生！　みつけたよ！」

と意気揚々と教室へもってきました。この在来種のタンポポは、学級だよりをとおして親もまきこみ、ひとしきり話題になりました。

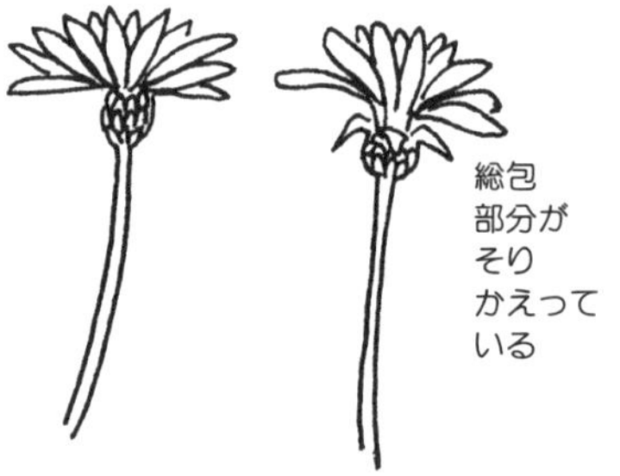
総包
部分が
そり
かえって
いる

カントウタンポポ　セイヨウタンポポ

●えみちゃんが見つけた!!

何日かして、家庭訪問でえみ子ちゃんのアパートを訪問しました。

「どうしておしゃべりができなくなったのか。その成育歴についてもお母さんにきいてみよう」と思いながら、ドアをあけました。

すると、玄関のくつ箱の上に置かれた、花びんがわりの小さなプラスチック容器に、カントウタンポポがさしてあったのです。

わたしは思わず、廊下のかげからわたしのようすをうかがっているえみ子ちゃんに、

「えみちゃん！　これ、ニホンタンポポでしょ！」
と声をかけました。えみ子ちゃんは、
「そうだよ」
と小さく叫ぶと、自分で自分の発言に驚いたように、パッとわたしの横をすりぬけて、ドアの外にとび出していきました。
「お母さん、いま、えみちゃんがはじめてわたしに口をききましたよ！」
と、家庭訪問のあいさつもぬきに話しがはじまってしまいました。
　3歳の時に弟が生まれて、1週間ばかり親戚にあずけられ、毎日泣いて過ごしたことをきっかけに、保育園に行くことをいやがったこと、友だちに声が低いことから「オトコオンナ」などとからかわれたことなど、だんまりの原因のいくつかもわかりました。

●学級のなかで発言したえみ子ちゃん

　つぎの日、わたしがえみ子ちゃんのニホンタンホポ発見を話題にしたことは言うまでもありませんが、えみ子ちゃんははずかしそうな顔をしながらも、じっと聞いていました。
　そして、翌日、わたしがいつものように、子どもたちのグループにはいっていろいろおしゃべりをしながら、給食をとっていた時のことです。この日のグループにはえみ子ちゃんがいました。
　えみ子ちゃんのナプキンにはいろいろなくだもののイラストがえがかれていて、その下に英語で名が書かれていました。
「これ、英語で何ていうか知ってる？」
とグループのみんなに声をかけ、リンゴの絵を指して問いかけると、弘志くんが、「アップル！」と得意そうに声をあげます。「バナナ！」「グレープ！」もう英語塾に通いはじめている子もいるのです。
“いちご”のイラストを指すと、どの子もこたえられません。ところが、えみ子ちゃんが小さな声でひと言、「ストロベリー」と言ったのです。まわりの子は、はじめてきくえみ子ちゃんの声にびっくり。
「あ、えみ子ちゃんがしゃべったあ！」

●お誕生会で話せたえみ子ちゃん

　このことをきっかけに、えみ子ちゃんは変化してきました。
　6月末の誕生会では、みんなの前に出て、
「7歳になったので、おべんきょうにがんばります」

と「決意表明」をし、教科書を４ページもすらすら朗読してみせたのです。

「そんなことは信じられない」というお母さんに、その日の録音テープを持って、再度、家庭訪問したほどでした。

えみ子ちゃんは、それまでだんまりだったとはいえ、ほんとうは本もよく読み、「知りたい」「知ってるよ」「言いたい」という気持ちでいっぱいの子だったのです。

ニホンタンポポをひとりでさがし、家庭訪問の日に玄関にさしておいたのもいじらしいばかりですが、そのことも自信の一つにつながっていたのでしょう。

せんせい、あのね

作文の初歩指導

次ページのような用紙を用意して、絵日記風に「せんせいあのね」の続きをかいてもらいます。上は絵をかく欄です。

字の誤りなどは、なおしません。（学級だよりに縮小して記載する時は、保護者に「文字の誤りは指摘されませんように。他のお友だちとの比較をされませんように」と、「最初の署名」の時と同じように注意書きをしておきましょう。）

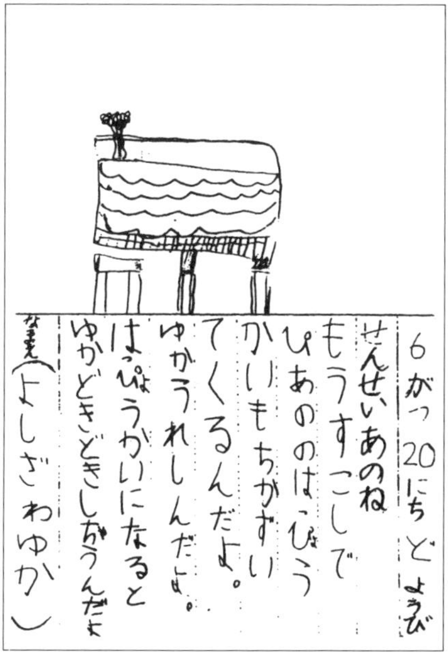
6がつ20にち どようび
せんせいあのね
もうすこしで
ぴあののはぴょう
かいもちかずい
てくるんだよ。
ゆかうれしんだよ。
はっぴょうかいになると
ゆかどきどきしちゃうんだよ
なまえ（よしざわゆか）

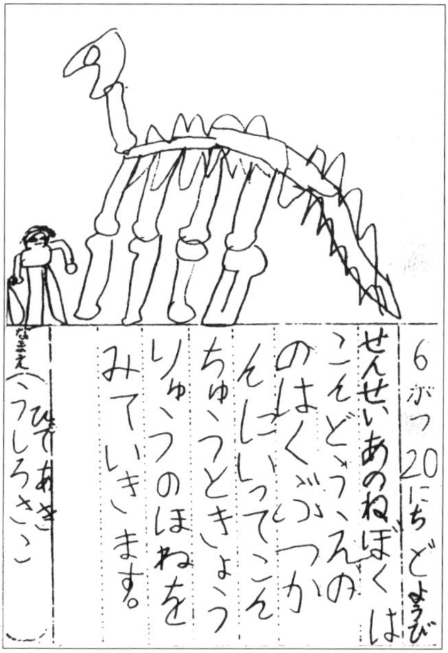
6がつ20にち どようび
せんせいあのねぼくは
こんどうえの
のはくぶつか
んにいってこん
ちゅうときょう
りゅうのほねを
みていきます。
なまえ（つしろ ひであき）

せんせいあのね

なまえ

「学級だより」は学級づくりの柱

わたしは教職30年間で、いったい何枚の「学級だより」を書いてきたでしょうか。学生時代、「入道雲」と題した教師の「学級だより集」を見て、「私も教師になったら……」の思いから、新任した、京都府下のその名も“山国小学校”４年生の学級だより「山の子」を発行して以来、欠かさずつくってきました。

たよりのタイトルは「あゆみ」「つくしんぼ」「きかんしゃ」「えんぴつ」「あくしゅ」「あらぐさ」……と学年にあわせてつけました。子どもたちや父母からタイトルを募集したり、子どもたちの手書きで毎号をかざった年もありました。

１年生と「学級だより」

１年生の学級づくりにとって、入学のその日から「学級だより」は大きな意味をもちます。

「入学式」の章でも「学級だより」のことにふれていますが、とりわけ大きな役割をはたしてくれる「学級だより」は、心をこめて発行したいものです。

できるなら週１回（１学期だけでも）が望ましいと思いますが、保護者には最初から「不定期刊として出しますから……」と言っておくと、気が楽です。

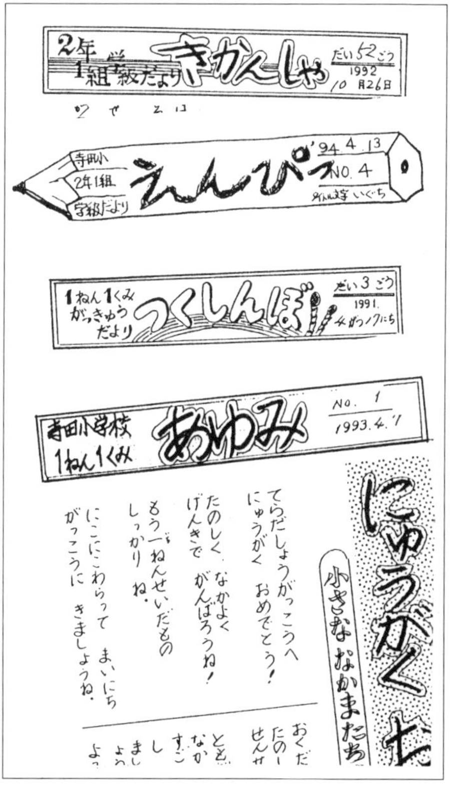

何を書くか

Point

❶　担任の、教育と子どもたちに対するかまえ方や情熱がわかるようにする。

❷　担任の人となり（人柄）が親しみやすく伝わるようにする。

❸　子どもたちのクラス、学校でのようすがよくわかるように。

- ◆作文やノートなどを縮小コピーで。
- ◆写真をのせると効果的。
- ◆学習の手だすけになる記事を。
- ◆子どもと親がともに興味をもってとり組めるものを。（花クイズなど）

❹　親の意見も反映できるものに。
“らくがきカード”の活用。
（線だけひいたカードを時おり渡して、親に書いてもらう。）

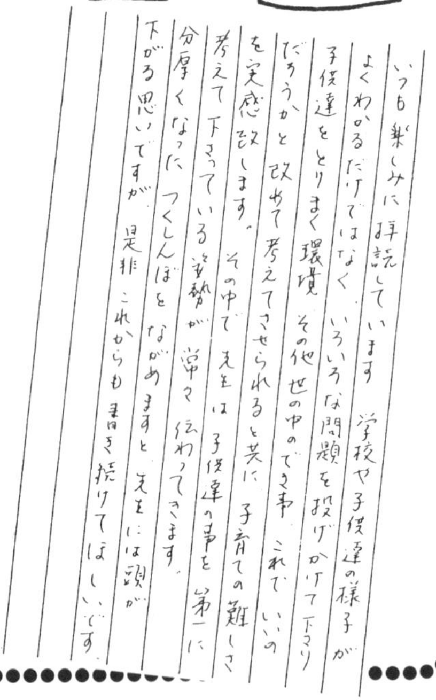
いつも楽しみに拝読しています　学校や子供達の様子が
よくわかるだけではなく　いろいろな問題を投げかけて下さり
子供達をとりまく環境　その他世の中のでき事　これでいいの
だろうか、と改めて考えてさせられると共に　子育ての難しさ
を実感致します。その中で先生は子供達の事を第一に
考えて下さっている姿勢が常々伝わってきます。
分厚くなったつくしんぼをながめますと先生には頭が
下がる思いですが　是非これからも書き続けてほしいです。

担任の思いを伝える

保護者のみなさんに、担任はどういうことを考え、どんな生き方をしているかなどを「学級だより」を通して率直に伝えていくことは、保護者の信頼にこたえることにもつながります。

Point

❶ 担任の家庭のこともオープンにして。
　★共通の子育ての悩みも持っていることをざっくばらんに。
　★家族紹介などもたのしく。

❷ 担任自身を語る。
　★教師として、どんな思いをしているか、子どもたちをめぐる日々の状況にてらして語る。
　★郷里のこと、恩師のこと、どのように育ったかも。
　★教師になった理由。
　（注）事実であっても「本当は教師になりたくなかった」などと語ると、保護者は失望感を持つのでさけたほうがよいです。

❸ 教師としての歩みを語る。
　心に残る子どもたちのこと、子どもとのエピソード、ドラマチックな事件の経験など。
　（私は学級だよりに「心に残る子どもたち」や「山の子・街の子」「私のあゆみ」などを連載しました。）

❹ 担任の趣味や特技、アフターファイブを語る。
　「ヘエー、先生って意外な面をお持ちですね」
　と人間的共感をもってもらえることにもなります。
　旅行のみやげ話なども、親しみを感じてもらえる糸口になったりします。

❺ 担任のエッセー、詩、短歌などにして語る。
　「学級だより」の記事のひとつとして、日々、考えていること、子どもたちの生活で感じたことを綴るといいですね。
　「学級だより」の50号や100号記念特集号に、保護者のみなさんの投稿も募集して、いっしょに掲載するのもよいでしょう。

育自《いくじ》、共育《きょういく》の大切さ

先に下の「らくがきカード」のご意見をお読みいただきたいのですが……。
「子どもに対してじゃ……」、

万緑《ばんりょく》や万それぞれの青さかな

先週の週刊朝日に俳優である小沢昭一氏の句があった。私なら
「万緑に子らそれぞれに輝けり」
ともじってうたいたいところである。
高尾の森の緑のまんなかでとまれ万緑であり、て……っ

美しい教師

塩原温泉で六月八、九日と合宿教育研究集会があり、妻と娘と三人で参加した。岩手県から二人の講師をお招きした。ひとりは宮沢賢治研究四十五年という日本一の賢治論の持ち主、つぎつぎと湧き出るような知見に感じ入る。もうおひとりは、教師生活四十年を終え今も研究会の中心的人物として、執筆に講演にと後輩を育てる仕事を精力的にこなしている吉永恭正先生。私の最も尊敬する「日本一の教師」の称号をあげたいような教師の中の教師と私が思っている先生だ。お逢いしたのは今回がはじめてだが、ヤスマサ先生とは旧いおつきあい──つまり叔父近藤[illegible]とも親交もあり、私の娘は宮城の大学時代には何ども彼の学校や、ご自宅にまでおしかけている。いわば、私たち親子三代にわたるおつき合いというわけ。そのヤスマサ先生の講演は〃どの花みてもきれいだな〃であった。お話の中で、〃人皆に美しき種子あり〃の詩や、先生に私たちの名すら引用されて赤面する場面もあった。

「らくがきカード」
幼稚園での母親としての立ち話で、「子どもに対してもする親の気持ちのわからないことはない、よね」という人いたことがあります。という先生などおりませんか。四十歳 P.T.A.

十五才にもならぬ子が〃すべてに疲れる〃、ほ
この社会は何なんだろう。
声をかけても表情もかえず「無視」てる
る子のことが心。

人と人間として育てることはどういうことか──。自らの実践を基に、資料もたくさん使ってわかりやすく説得力もある内容だった。前夜私らかいめ観に彼の学校での子どもたちの様子、堂々と胸を張って身につけた力を発表する子どもたちの様子のビデオもあわせると合計四時間を越える講演だったが、終始感動した。
妻は何度も涙を流していた。
交流会の席上氏は「美しい教師」という歌をうたわれた。

〃美しい夢を
抱く教師は
どんな町の日かげにも
どんなさみしい田舎にも
子どもらと手をつないで
すんでいる
ホラ、きいてごらん
あのたのしそうなうたごえ〃
と。

芽ぶく春に

小学一年生の小さな足の
三百六十五歩のあゆみの
何と確かなことか
一歩一歩に確かな意味がつまっていて
その一歩一歩の力強さよ

その中で学びとってくれたであろう
かけがえのない宝ものを
育てていってね

昨日までわからなかったことが
今日わかり、
今日わからなかったことが
明日わかるかもしれない
学ぶことのおもしろさ
その第一歩に足をふみ出してくれたろうか

三百余日の前の日のそのままに
また春の花が咲きはじめたけれど
ぐーんと大きくなった君たちが
笑顔で立っている
芽ぶく春は、きみたちにふさわしい

❻　新聞記事や、本の文を引用して子どもたちに考えてもらう。

右は「学級通信」に引用したものですが、時節の記事を引用して、「現代の子どもたちのことを考えていきましょう」と呼びかけます。

また、保護者会の話題のひとつにもなります。

❼　詩の引用も。

「人皆に美しき種あり……」と同じく、詩人・安積得也さんの詩です。

秘蔵っ子……そうです。みんなみんな秘蔵っ子なのです。

この子も、この子も……。

光明

自分の中には
自分の知らない
自分がある
みんなの中には
みんなの知らない
みんながある
みんなえらい
みんな貴い
みんな　みんな
天の秘蔵っ子
いつも
どこにも
だれにも
光明を見る

「学級だより」に楽しい記事を

「学級だより」は、保護者のみなさんから発行を楽しみにされるように工夫したいものです。

お知らせ的なものも必要ですが、保護者のニーズにあるもの、「おうちでいっしょに考えましょう」という内容、「こんな楽しいことをやってみませんか」という呼びかけなど、バラエティーに富んだものにしたいものです。

Point

❶ 子どもたちのようすが反映されたものにする。

❷　子どものニュースをとり入れる。

うれしいこと、楽しいことは子どもたちの絵日記から引用して、載せましょう。

❸　こんなことはいかが（あそびのヒント）

「つくってあそぶかんたんな工作」や草花あそび、家庭でみんなでやるあそびなども紹介しましょう。

子どもたちみんなの家の地図を

学級だよりに「みんなの家」を載せると、保護者に喜ばれます。

入学後しばらくして、学級の友だちもでき、「○○ちゃんの家に遊びにいってくる」と言われたとき、だいたいどのへんにおうちがあるのか、これを見るとわかるので、保護者の方も安心です。

これをつくっておくと、教師もそれぞれの子の下校の方向や近隣関係がわかり、家庭訪問の時にも役立ちます。

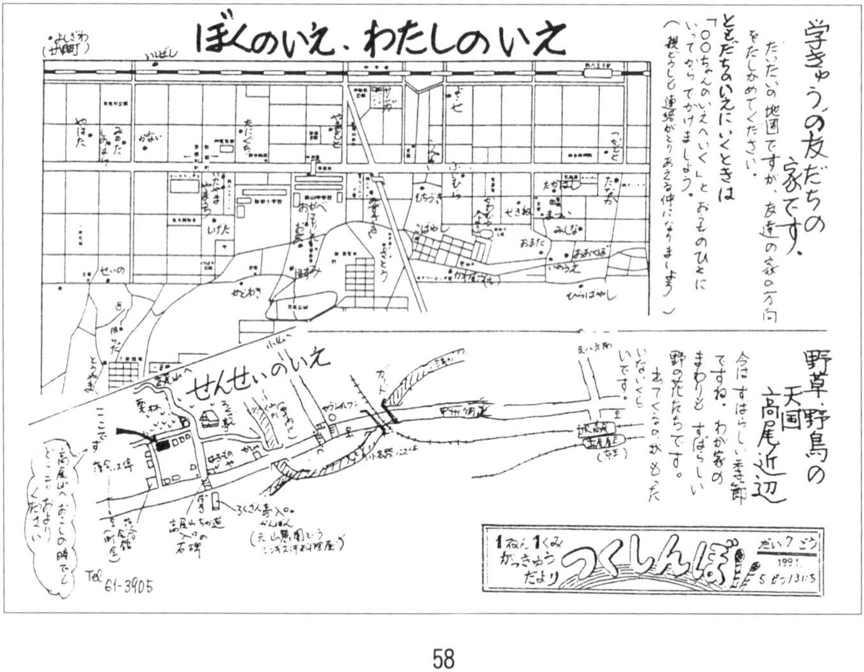

花クイズ・詩などを紹介する

「学級だより」に花のカットをどうぞ。

●チューリップの花びら

花のカットにはエピソードがあります。

真由子さんは、私に「あなたは、お花が好きなのね」と言われて、とてもうれしくなりました。

それは教室にあったチューリップの花弁が、何日かしてパラリと落ちた時、とても驚いたからです。

チューリップはずっとコップのように変わらないままと思っていたからです。

そして、何年もたって真由子さんから手紙が届きました。

「いま、大学で植物学の専攻をしています。先生から言われたことばが忘れられません」と書かれていました。

●名前をおぼえて大得意

あゆみさんは、クラスでもおとなしい子です。

しかし、この子の自信になったのは、学級だよりにのせる野の花でした。

学級だよりに野の花のカットがのるたびに、お母さんに「この花の名前、なーぁに？」と問います。花の名のところを指でかくして……。

少しは草花に興味のあるお母さんも、タチツボスミレ、ヒメオドリコソウ、ニリンソウ……などがつぎつぎ登場してくると、お手あげです。

あゆみさんは、おぼえたての花も、もう「そんなの知らないの？」と言わんばかりに得意顔で教えます。

●親子で図鑑をしらべて

野の花の絵を「花クイズ」にしますと、おうちでも図鑑をひろげて、親子で調べたりできます。

クイズは、答えを当てるためでなく、親子のコミュニケーションの材料にしてもらうため、とことわっておきましょう。

（保護者のために答えを漢字で書いておくのもよいでしょう。）

花クイズ

ヒント
はっぱがニラに
にているはなです。

この花の名は？
○○○○

生き生き「学級だより」をめざして

子どもたちの学校生活のようすを「学級だより」にリアルタイムで載せると喜ばれます。

Point

❶「せんせい、あのね」などを縮小コピーして載せる。

❷ 子どもたちの絵をカットにしてのせる。
（図工の時間など、余裕があるときに、10㎝四方くらいの余分な白い紙にかいてもらうのもよいでしょう。）

❸ 写真を入れる。

Point

❶ 誤字・脱字について、原文コピーの場合は、ときおり「これは記念品、ご家庭で注意はご遠慮を」と書いたり、保護者会で言っておく。

❷ プライバシーにかんする記述（友だちの名をあげて批難している、うちの人の言ったことが書いてある）については注意する。

❸ 子どものマイナス面をとり上げた記事はさける。
（特定の子のことと推察できる内容もさける。）

❹ 作文、カット、写真など同じ子が重なったり、一度も掲載されない子がないよう、名簿欄をつくってチェックしながら掲載する。

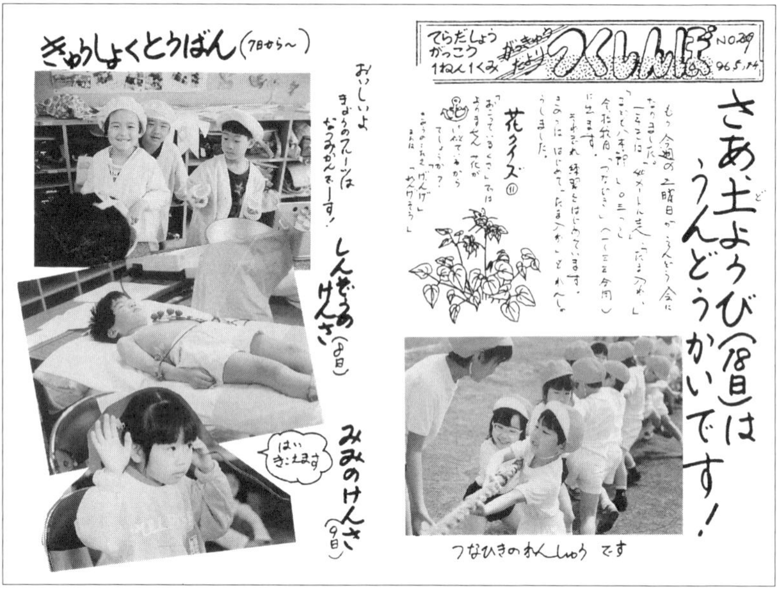

てらだしょうがっこう 1ねん1くみ がっきゅうだより つくしんぼ NO.29 96.5.14

きゅうしょくとうばん（7日から～）

おいしいよ きょうのフルーツは なつみかんでーす！

しんぞうあけんさ（8日）

はい きこえます

みみのけんさ（9日）

さあ、土《ど》ようび（18日）はうんどうかいです！

もう今週の土曜日がうんどう会になりました。一年生には「50メートル走」「たま入れ」「こども八木節」の三つと今年初めて「つなひき」（一～三年合同）に出ます。それぞれ練習をはじめています。きのうは はじめて たま入れとれんしゅうしました。

花クイズ⑪

つなひきのれんしゅう です

「今月の詩」などを載せる

「学級だより」にその月の詩を掲載するのもよいでしょう。

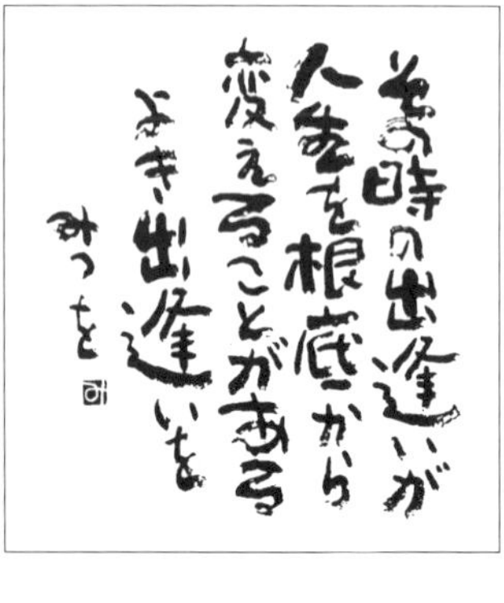
その時の出逢いが
人生を根底から
変えることがある
よき出逢いを
みつを

この春出あった
26人のこどもと　ひとりの男
その子の親たちと　親たち
そして親と　そのひとりの男

運命なのでしょうか
もし　そうだとすれば
その出あいこそ
よかった　といえるように
努力するのが
大人のわたしたちの任務でしょう
その26人の子らのために…。

ひとりでもいい

相田みつを

あなたにめぐり逢えて
ほんとうによかった
生きていてよかった
生かされてきてよかった
あなたにめぐり逢えたから

つまづいてもいい
ころんでもいい
これから先
どんなことがあってもいい
あなたにめぐり逢えたから

ひとりでもいい
こころから
そういって
くれる人が
あれば

詩集「にんげんだもの」より

はじめのいーっぽ

こやま峰子

わくわくします
あたらしいくつの
はじめのいーっぽ

せすじをのばして
ゆっくりあるく

おろしたてのくつは
あしあとを
大地におくる
はじめまして
こんにちはと

うれしそうに
はずかしそうに
かがやいている
くつのメッセージ

「続子どもといっしょに読みたい詩」
（あゆみ出版より）

親からのおたより

……担任の先生の紹介の後、先生は、１年１組の子ども達ひとりひとりの手を取り、両手で握手をして、時には頭をなでたりしながらひと回りして席に着かれましたね。

朝、早起きして、27人分のつくしを摘んできて、子ども達に１本ずつプレゼントをして下さいました。

そして、その日から『つくしんぼ』第１号が発行されました。……

時には「なるほど」、時には「なんだこれ？」……様々な思いをめぐらせて読んでおります。……

……登校するわが子のうしろ姿を見ているとスキップをしながら行きます。「がっこうがこんなにたのしいとはおもわなかった」といっていました。

「さいしょ、どきどきのきもちががっこうにいって、わくわくになった」と日記に書いてありました。

いつも花クイズを出していただいてありがとうございます。今まで園芸種の花にしか興味がなかった私ですが、ずい分変わりました。出かけた時には花クイズに出てた草花、木をみつけると「わあ、びょうやなぎの花ってこんなに大きいんだ」と感激したり、雑草でもとてもかわいらしく見えて，じーっとながめたり、散歩するのがたのしくなります。あるテレビドラマで、器の花に出ていたのが（花クイズにあったので）わかり、その意味もわかったりしてうれしくなりました。……

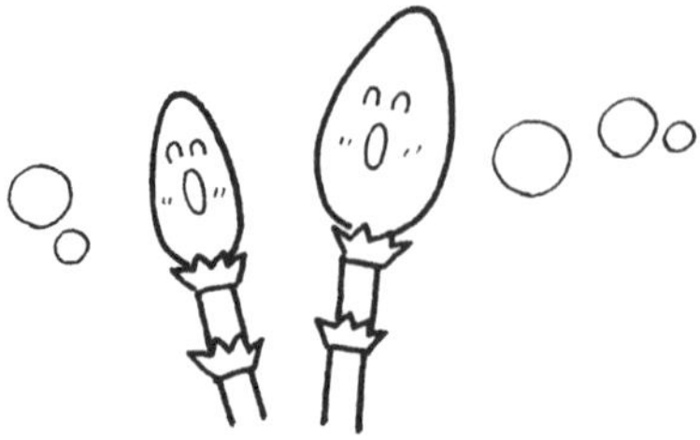

私は子育ては一生懸命やってきたつもりですが、いつもドジッてしまいます。子ども達に注意されなぐさめられてしまうのです。先生が保護者会で言ってたとおり、「ズッコケ母さんに非行の子なし……」なんて本当だと思います。

うちの場合親がこんな調子なので、子ども達は２人でしっかりやろうとガンバッちゃってるように思えます。

こんな母ですが、先生、親子共々御指導よろしくお願いします。

……１学期はとにかく学校って楽しい！　という気持ちで元気に登校してほしかったので、笑顔で過ごせた事を本当にうれしく思います。

入学から数ヶ月で行動範囲がぐーんと広がり、親がびっくりする様な場面も見られたり、お兄さんらしくなったなあ……と感じました。

夏休みには色々な経験を……と思っております。……

がっこうって
たのしいな!!

はじめての遠足

「しおり」づくり

保育園、幼稚園時代とちがって、親のつきそいがありません。
「どうしていたのかな？」という保護者の心配に応える思い出にしましょう。

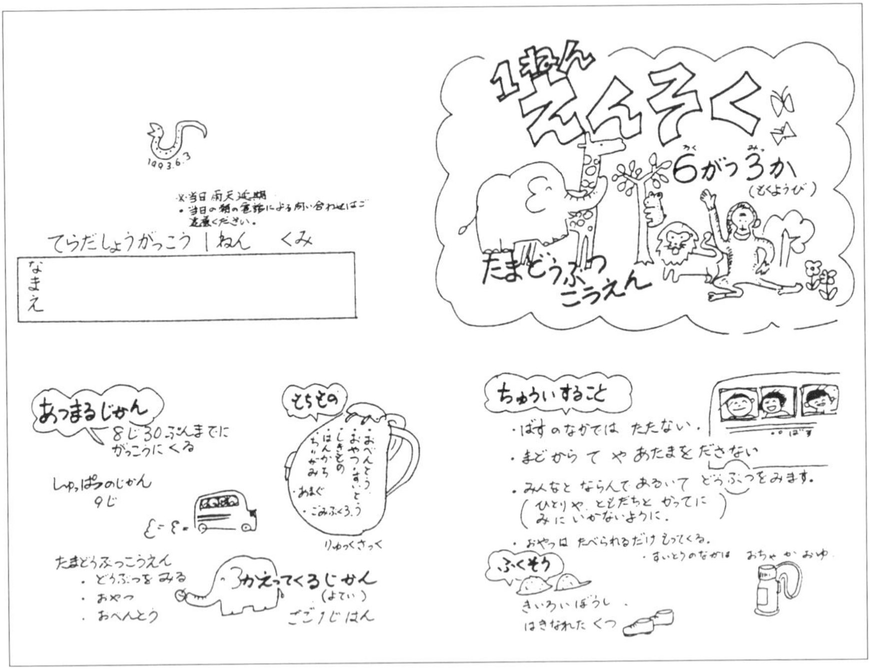

えんそくの「しおり」から

Point

❶「しおり」を1週間くらい前につくり、子どもたちに配ります。

❷ 子どもたちと、ぬり絵などをしながら

★もちもの

★あるき方や、のりもののルール

などを事前勉強をします。

当日のとりくみ

出発のとき

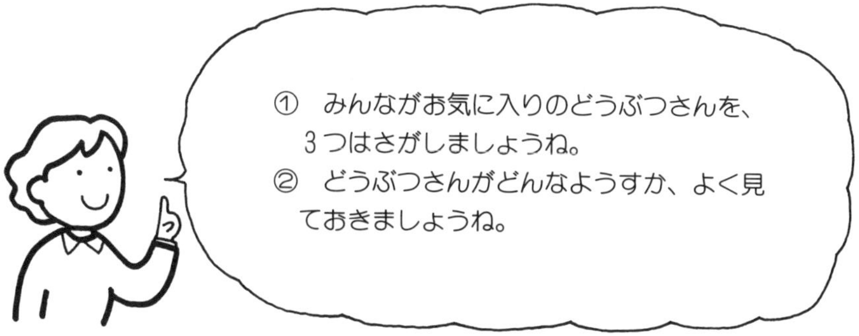
① みんながお気に入りのどうぶつさんを、3つはさがしましょうね。
② どうぶつさんがどんなようすか、よく見ておきましょうね。

★ その他、出発前のトイレ、道々での注意を確認します。

事後のとりくみ（例）

●どうぶつえんづくり（図工）

① お気に入りになった動物を出し合い、「ぞうグループ」「きりんグループ」などにわかれる。
② それぞれ画用紙に絵をかく。
③ 切りぬいて、もぞう紙にはる。
④ まわりのようすもかく。

1ねん1くみのどうぶつえんをつくりましょう

★ 紙工作や紙ねんどなどで立体的につくってもよいでしょう。

●「えんそくニュース」

「えんそくニュース」をつくって、学級だよりに発表するのもよいでしょう。(お気に入りの動物のイラストをかいてのせる。)

ノートをきちんと書く

「どの子も、ていねいに、きちんとノートを書く」という初めの指導は大切です。

Point

●国語、算数を中心に

❶　黒板に子どもが持っているノートと同じますめ（1ページ分）の線を引きます。

❷　最初は教師の板書を“視写”させます。

❸　国語、算数、生活科など教科の特性を活かして、わかりやすいノートの書き方になれさせます。
図や模式図を書きこませるのもいいと思います。

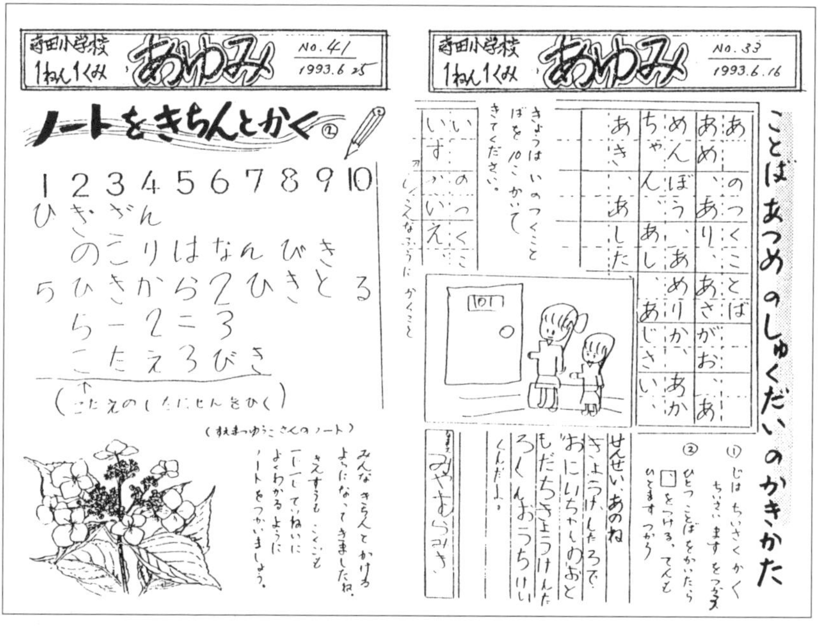

❹　いま、学習しているようすが、ノートをみれば保護者にもわかるように視写させます。

❺「学級だより」にも、授業のようすを解説したり、図示したりします。また、ノートに書きうつすことにより理解を深めさせたり、確かめたりするようにします。

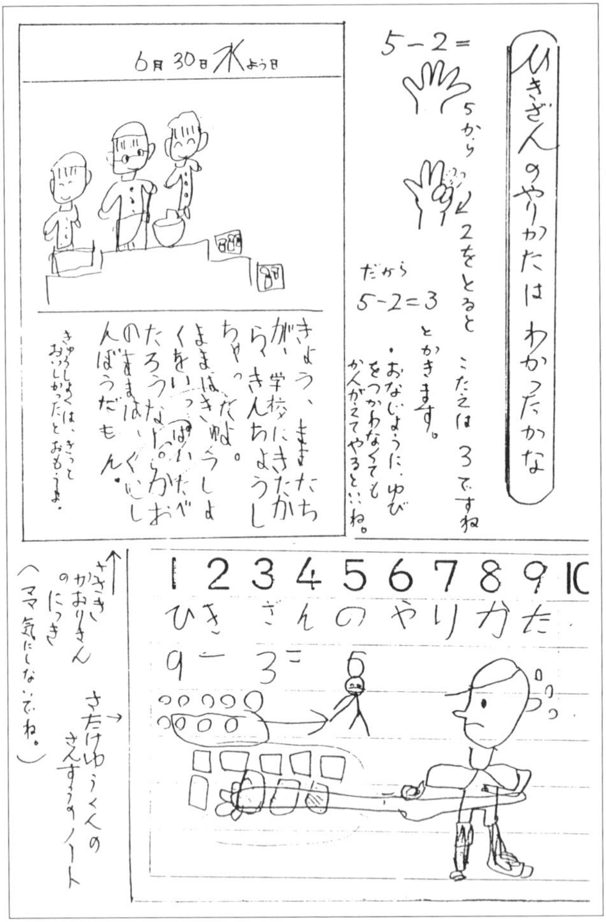

クラスの子のノートを縮小コピーして、「このように書くとよい」と例示します。

★ 図解により、理解をビジュアルにしてわかりやすくさせたり、かくことによってより確かなものにすることができます。

★ うまくかけない子には、図を簡略化して示します。

たのしい図工①

さくら

校庭のさくらの下であそび、入学のよろこびを「さくらの花」の絵にしてあらわしましょう。

●用意するもの

ポスターカラー（赤、白、茶、黒）
皿（給食の廃棄の金皿など）
筆（太筆）
色画用紙（ブルーや、グレーなど、Ｂ５くらいの大きさ）
筆洗カン

★　５～６人のグループにわけ、グループごとに、皿２枚、筆２本、筆洗用カン２こを配る。

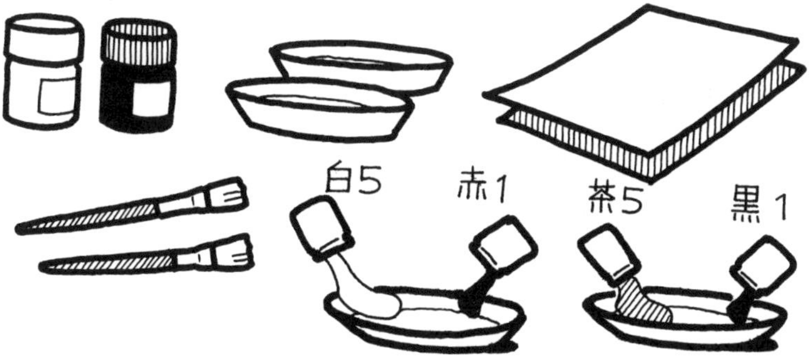

★　ポスターカラーは教師が「白、赤」「茶、黒」をおのおの５対１くらいの比で皿に出してあげる。

●指導の例

「みんな、さくらの木の下であそんだね。
さくらの木の幹はごつごつしてたね」
「ひとりずつ、かいてみよう」

ひとりひとり順番にかき、
他の子は、ようすを見ている

★　ひとりひとり制作のようすがわかるように、グループの絵の具セットは１組だけにして、順番に描いてもらうようにします。

①　木の幹は太筆でぐいぐいかく。
②　花びらは、点描のようにトントンと色を置いていくようにかく。
③　「さくらの花びら、ハラ、ハラ、ハラって散っていたね」

①　②　③

てらだしょうがっこう
1ねん1くみ
がっきゅうだより
つくしんぼ
NO.18
96.4.24

さくらの花の絵をろうかに展示します

4/26・27・30・5/1・2・7・8日くらいの間ろう下に展示します。お時間のある方ごらんになってください。ついでに何時間でも一組の授業を参観していってくださってもけっこうですよ。子どもたちってすてきな芸術家ですよ。

たのしい図工②

「しましまくつした」をかこう

●用意するもの（個々に水彩えのぐセットを持っていない時）

皿と筆（各グループごとに各３つ）
えのぐ…５～６色（ポスターカラーの大チューブ）
八つ切り白画用紙（人数分）

●指導の例

① 画用紙に、エンピツでくつしたの輪郭をかく。
（自分のくつしたの輪郭をなぞらせてもよい）

② すきな色のしましまもようをつける。
左から右へ線を引く。（はみ出してもよい。）

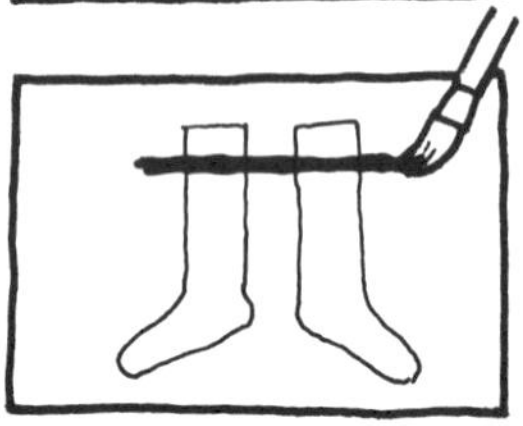

③ 同じ色を、何本かぬる。

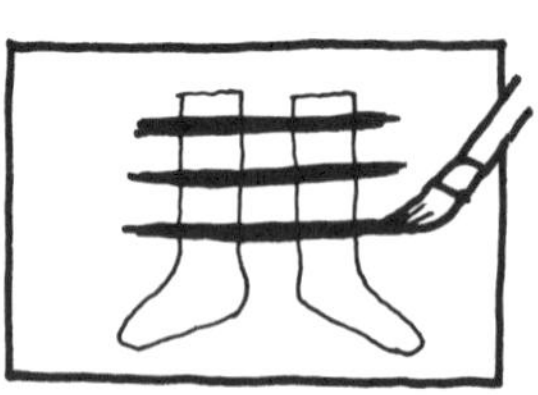

④　別の色をあいだにぬる。（ぬれている他の線にふれないようにする。）
⑤　何色かで、もようになるように線をひく。
⑥　えのぐが乾いたら、はさみで切りとる。
⑦　別の色画用紙の台紙にのりではる。

④

⑦

⑥

ふうせんをかこう

●用意するもの

ふうせん…3個（赤または青色）
画用紙

●指導の例

「はい、これはなんでしょう？」
（ふうせんをとり出す。）
子どもたちの前でふくらませたりして興味をひきつける。

①　画用紙をわたす。
画用紙にエンピツで図のように線を引かせる。
（正確でなくてもよい。）

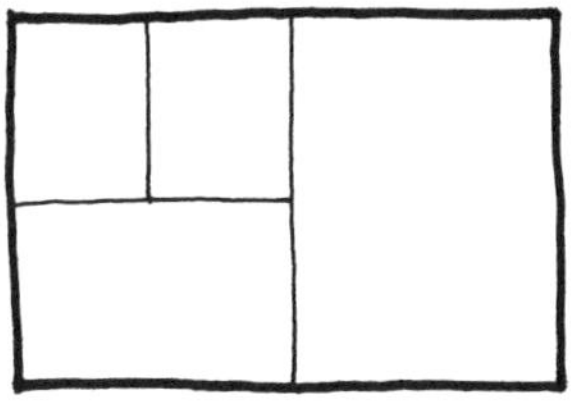

② 左はじのコーナーに「ふうせん」という文字と自分の名をかき、すみに小さく番号①、②、③を打つ。
（黒板に同じものを張る。）

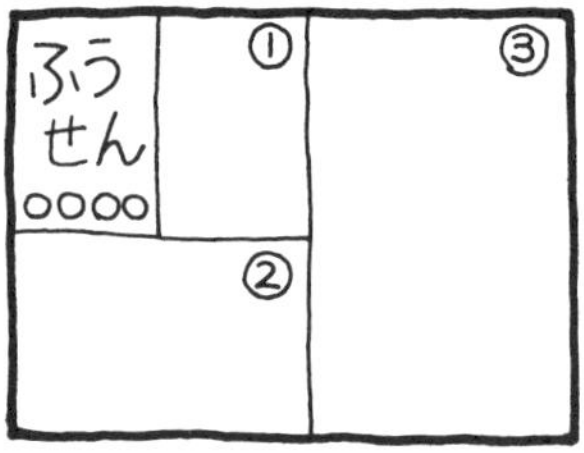

③「①のところに、まだふくらませていないふうせんを、えんぴつでかこう」
（ふうせんを見せ、①のところに張る。）

④「②のところには、はい、このくらいふくらませたふうせんだよ」
（別のふうせんを少しふくらませて口をしばり、②のところに張る。）

⑤「③のところは、はい、いっぱいふくらませるよ！」（3つめのふうせんを大げさな身ぶりで興味をひきながら、ふくらませる。）

「この大きな、ふうせんをかこう！」

⑥（おのおののふうせんを比較させて）
「この3つは、どんなところがちがうかな？」
子どもたち「大きさ」「色がうすくなっている」

⑦「そうですね。①のふうせんは、えのぐにあんまりお水を入れなくてもいいね。そろそろそろっと、色をぬってみよう」

⑧ (②〜③は、えのぐに水を混ぜると薄くなることに気づかせながら塗らせる。)
(水で色が薄くなることを理解させる。)

★ はみ出して塗った子は「くつした」同様に切りぬいて別紙に張ってもよい。

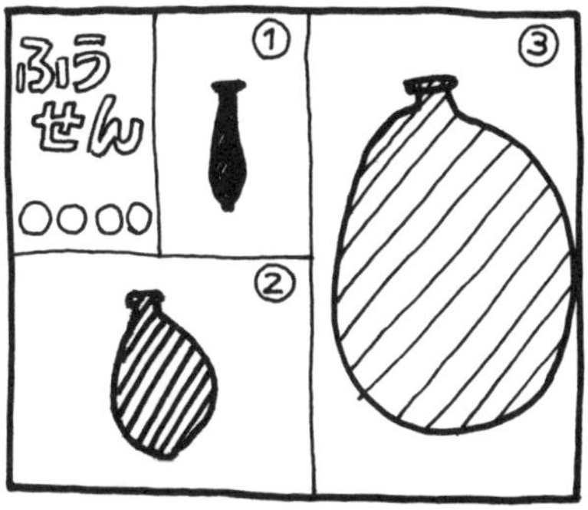

発展

★ 興味をもったら、大きなふうせんを別紙に好きな色でかかせ、乾いたら切りとって共同画に構成して、教室に張りだします。

雲や鳥や気球のかごは、補助的に教師がかいて構成する。
(子どもにかいてもらってもよい。)

★ 自分の顔などをかき、お誕生月の順にならべて、教室の後ろなどに張っておくのも楽しいものです。

あさがおの種まきと観察

たのしい生活科

5月はじめになると、生活科であさがおの種まきにとりくむ実践が多いと思います。

あさがおの世話としての水やりなどは、係を決めてやらせます。

Point

❶ 種まきの時期には、まだ文字になれてないので、「かんさつカード」①のように、説明文はなぞり書きにして、絵はぬり絵的な表現とします。

❷ 芽が出たようすの絵は、「それぞれの表現で観察を」としてとりくみます。

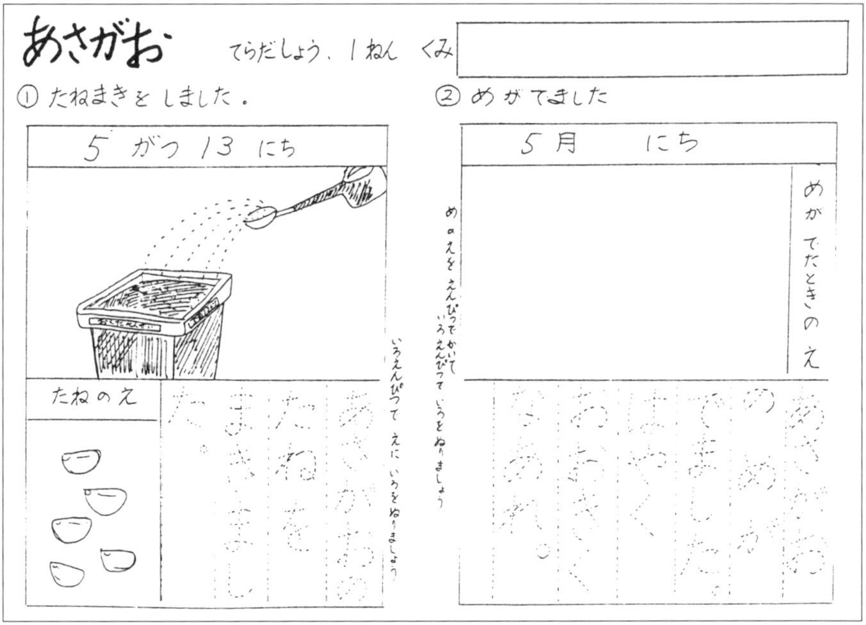

かんさつカード①

あさがおの観察

夏休みのとりくみ

夏休みには、鉢を家にもち帰って、家庭学習のひとつとしてとりくみます。下のような用紙を印刷して配ってもよいでしょう。

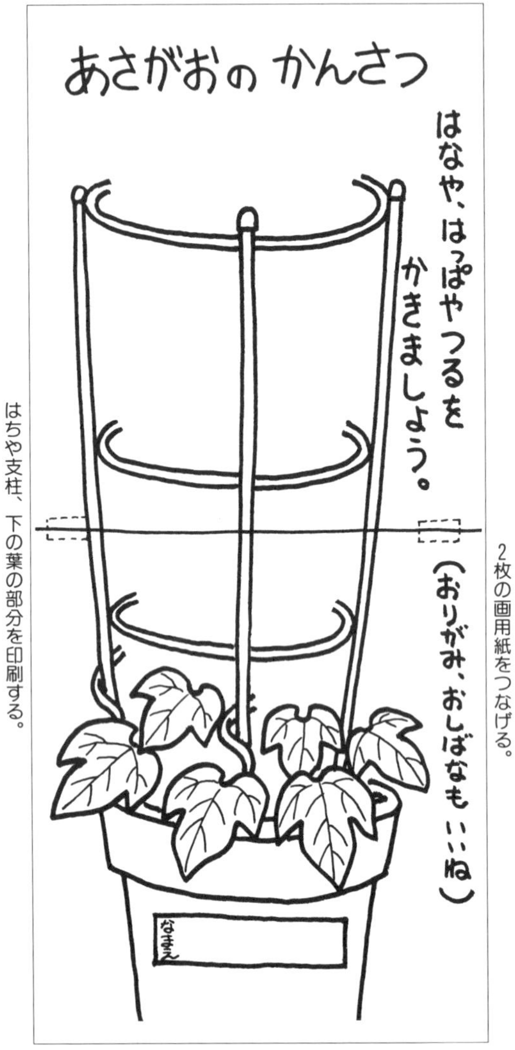
あさがおの かんさつ
はなや、はっぱやつるをかきましょう。
(おりがみ、おしばなもいいね)
なまえ
はちや支柱、下の葉の部分を印刷する。
2枚の画用紙をつなげる。

① のびてきた葉のようすや、咲いた花を、クレヨンなどでかく。

② 押し花をつくって花をはりつける。

③ 折り紙で花を折ってはりつける。

★ 親の協力も得て観察をしたり、記録をかくようにします。

④ 2学期のはじめに、展示する。

★ できる家庭では、毎日、咲いた花の数などを記録したり、この記録に作文をつけたりします。

読みきかせ 大きい１年生と小さな２年生

たのしい国語

古田足《たる》日《ひ》作の「大きい一年生と小さな二年生」は、この時期の子どもたちにぴったりの読みきかせ教材だと思います。

この物語のクライマックスに登場する「ほたるぶくろ」が咲く６月ごろがいいですね。

本物が手にはいれば、いうことなしです。

このお話は、クラスの子どもたちにも登場人物と同化でき、とても楽しいものです。

１日20～30ページを当て、国語の時間を中心に。（毎日、「おはなしの時間」を決めてもよいでしょう。）

読みおわったら、感想の文や絵にとりくみます。

●登場人物に手紙を出す

まだ文字が充分書けない子どもには絵などで表現させます。書ける子には、「○○君や○○さんへの手紙」という形式（整っていなくてもよい）で、文を書かせます。

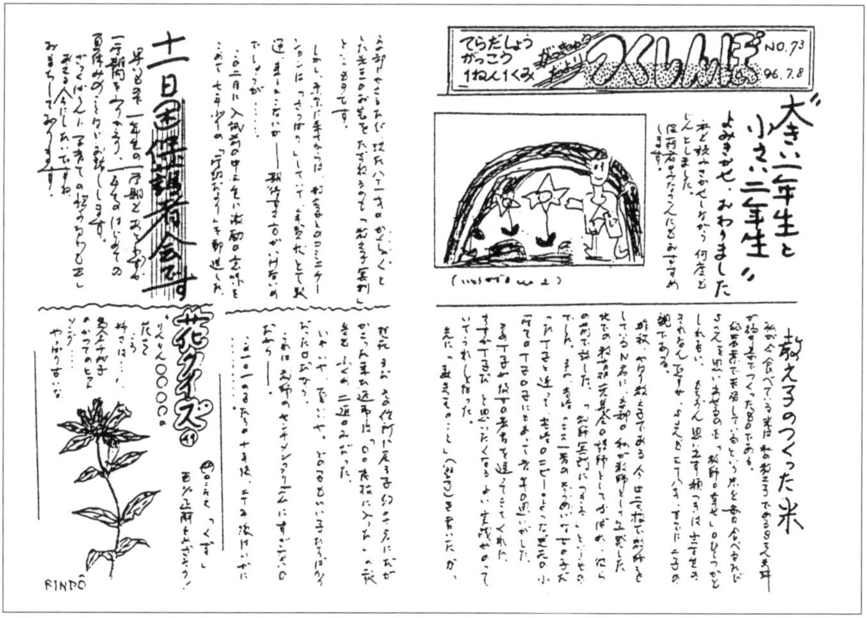
てらだしょうがっこう
1ねん1くみ
がっきゅうだより
つくしんぼ
NO.73
96.7.8

"大きい一年生と小さい二年生"
よみきかせ、おわりました

本を読みきかせしながら何度もじんとしました。
保護者のみなさんにもおすすめします。

十日（土）保護者会です

花クイズ

教え子のつくった米

RINDÔ

★ ほたるぶくろの実物が手にはいれば、クライマックスシーンにあわせて見せるとよいでしょう。

子どもたちの絵や文は、学級だよりに縮小コピーして掲載するとよいでしょう。

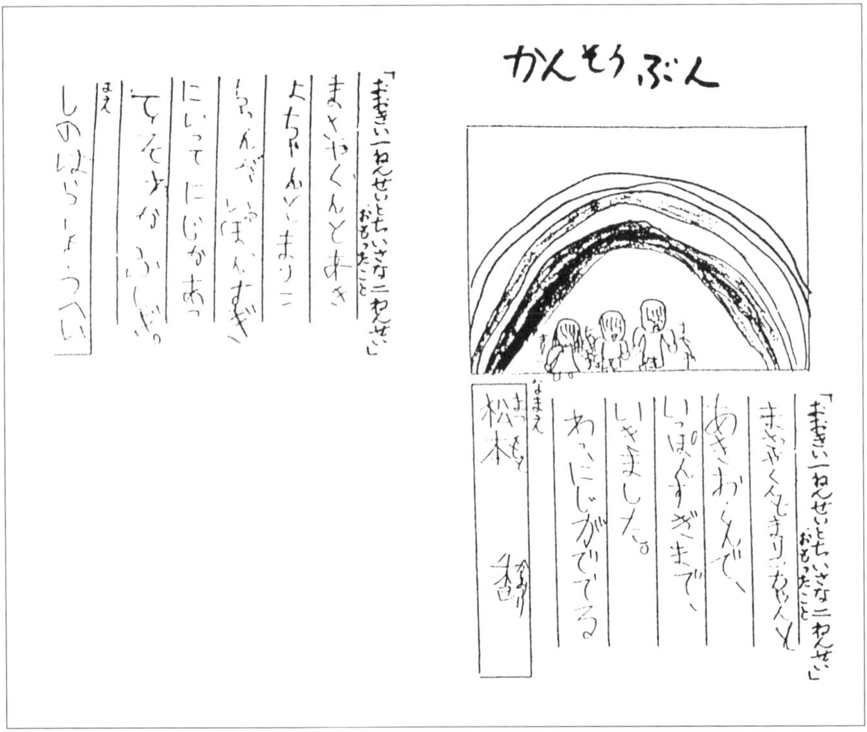

かんそうぶん

「おおきい一ねんせいとちいさな二ねんせい」おもったこと
まさやくんとまりこちゃんと
あきおくんで、
いっぽんすぎまで、
いきました。
わっ、にじがでてる
なまえ 松本《まつもと》 香《かおり》

「おおきい一ねんせいとちいさな二ねんせい」おもったこと
まさやくんとあき
よちゃんとまりこ
ちゃんでいっぽんすぎ
にいってにじがあっ
てとてもふしぎ。
なまえ
しのはらしょうへい

初めての保護者会

　１年生の保護者会は、学校や子どもたちの学習、友だち関係についての関心も高く、たくさんの出席があります。

　働く母親も、わざわざ休みをとって、保護者会に出席してくれます。

Point

❶「出席してよかった」という内容になるよう工夫します。

❷「保護者会のお話し合いのために」という資料を用意します。

❸　担任の人となり、教育観がわかる話をできるようにします。

❹　楽しい雰囲気で、保護者のみなさんも発言できる工夫をします。

　どれをとっても、簡単なことではありませんが、最低、一方的に教師がプリントに書いてあることを話しておわり、となるような保護者会にしないよう気をつけたいものです。

　そのためには、

❺　Ｐ．Ｔ．Ａの学級の係の保護者の何人かと、10分前でもいいから打ち合わせをして、司会をたのみます。（はじめてのことで、敬遠されるようなら担任がしてもよいでしょう。）

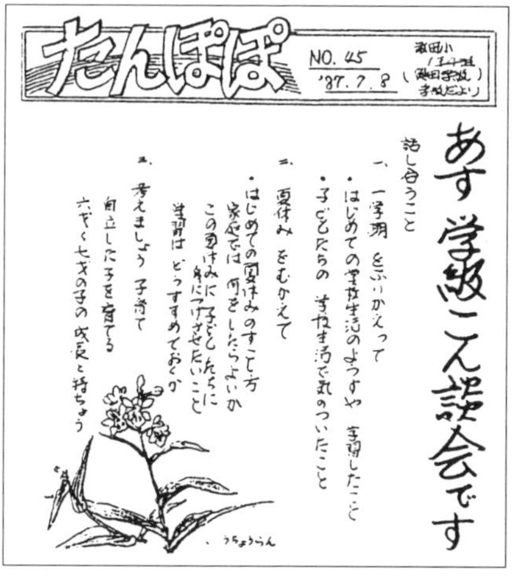

たんぽぽ　NO. 45　'87. 7. 8　学級だより

あす学級こん談会です

話し合うこと

一、一学期をふりかえって

・はじめての学校生活のようすや学習したこと

・子どもたちの学校生活で気のついたこと

二、夏休みをむかえて

・はじめての夏休みのすごし方
家庭では何をしたらよいか
この夏休みに子どもたちに身につけさせたいこと
学習はどうすすめておくか

三、考えましょう子育て
自立した子を育てる
六さく七才の子の成長と特ちょう

うちょうらん

具体的な資料も用意して……

保護者会を楽しくする工夫

●自己紹介はユーモラスに

入学式当日の「印象」はあるにせよ、保護者にとって担任がどういう教師（人柄）であるかは、一大関心事です。

子どもは中3の女の子と、小5の女の子がいます。あ、それから夫がひと・・・りおります。
山田
田中
山本
名札の用意も

Point

❶　私たちと同じ親なんだ（人間なんだ）という意識をもってもらうように心がけます。

最初にいっておきますが、お子さんの忘れものはお母様の責任デス。
おっかなーい…

あー、あの○○くんの
お母さんですか

❷「教師っぽい」高びしゃな言い方はさけます。
（子どもと親を見くらべるような言い方もタブー。）

❸　子どもたちの欠点ばかりを話題にしないようにします。

まず、きちんと私の話が聞けません。
それから、すぐ乱暴する子がいて目がはなせません……。

ほんとに
大変なんです。

（これでは、保護者会に来た親たちが、不安になってしまいます。）

元気な子どもたちに囲まれて毎日たのしいですよ。
先日もこんなことがありました。
A君がね……

（よい話題を……。）

❹　授業の進め方を、わかりやすく説明します。

いま、算数でやっているところのポイントは、「いくつといくつで10になる。逆にこの数字はいくつといくつをあわせるといいか」です。
　こういうことが、サッとわかるようになりますと……。

3
5
なっとく……。

（ふだん授業で使っているカードや手づくり教材などをじっさいに出して説明します。）

手づくり教材の例（算数）

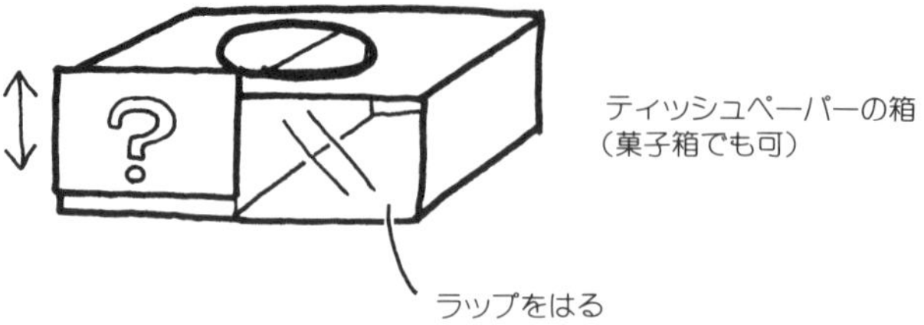
ティッシュペーパーの箱
（菓子箱でも可）
ラップをはる

●つくり方

ハイ
2コめー

① 箱の中央に厚紙で間じきりをつくり、箱の上部に穴をあける。（ティッシュの箱ならそのままでよい。）
② 前部はラップをはって、中が見えるようにする。
③ 片方は厚紙を上下させて、隠せるようにする。
（手にもった紙でおおってかくすだけでもよい。）

●すすめ方

はーい

「ここに、ピンポン玉が7つあります」
（みんなでかぞえる。）
「このまほうの箱に、……1こ入れます。……2こ入れます。……
あれ、こちらのかくれている部屋には何個はいっているのかな？」

資料を用意する

入学後、保護者のみなさんとゆっくり話せるはじめての機会です。また、担任の人格や、教育・子どもたちに対する思いや、願いを話せる大事な時でもあります。

話だけでなく、資料も用意しましょう。

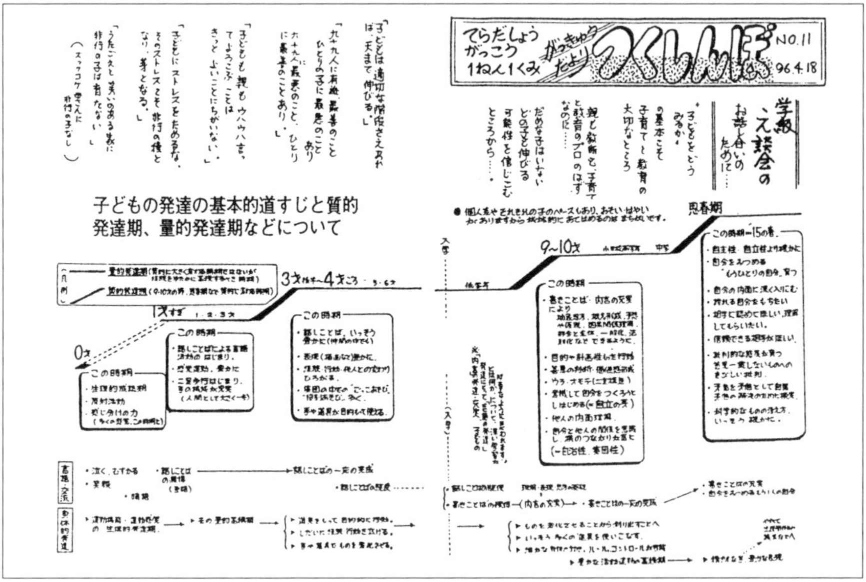

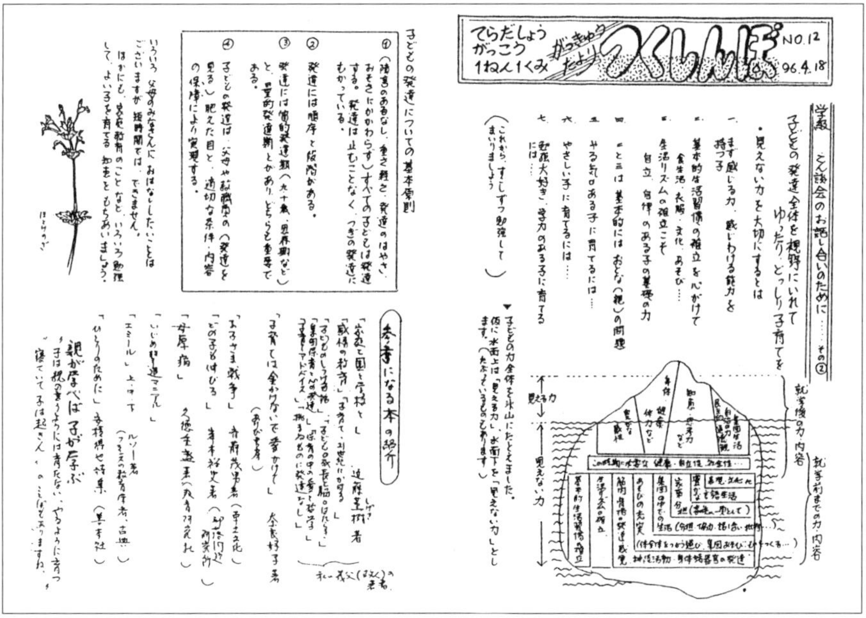

子どもとのコミュニケーション

雨の日にも

登校していく子どもたちは、色とりどりの傘です。私は車通勤ではないので、もよりのバス停から学校まで歩く途中、さきを行く子どもたちの後ろからそっと近よって、傘の石突きをつまみあげます。

「あれっ!?」「なんだ、おくだ先生!!」

「グッド・モーニング！」

１年生ですから、そう言われても「？」の子もいますが､英語塾などに通っている子は｢good morning！」と返事をしたりします。

「How do you do?」というと､｢I'm fine thank you」なんて、ちょっこら応えてくれる子もいます。

他の子は「何ていったの？」などと、朝から傘をならべての小さな対話ができます。

１年生の担任にとって（もちろん他の学年の担任でも）こうした子どもたちとのコミュニケーションは大切です。

廊下ですれちがった時も、他のクラスの子でも、こちらはすばやく胸の名札やくつなどの名前をみてとって、「おはよう、みなちゃん！」と声をかけます。

「どうして、私の名前、知ってるの!?」

「そりゃー、みなちゃんは、いい子だって有名なんだからね」

と楽しそうに応えてあげます。

子どもをニッコリさせるアイデア

①シール作戦

子どもたちは、シールなどが大好き。

「がんばりボン」や「金シール」は人気です。

ちょっとした「ほめる」ことを見つけて、ノートや連絡帳にはってあげましょう。

②表彰状作戦

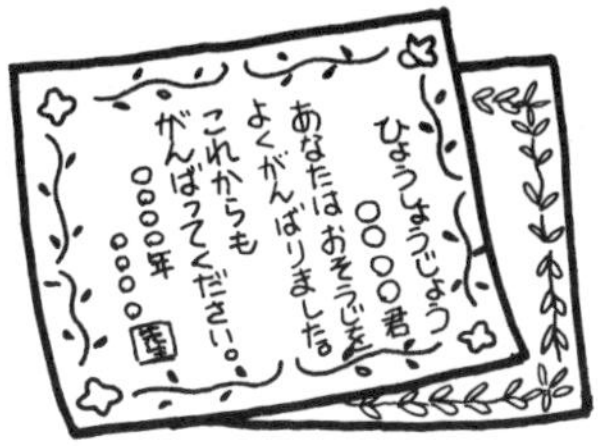

子どもは表彰状も大好きです。手がきで表彰状をつくって（色画用紙の４分の１くらいの大きさ）、担任の判も手づくりで用意するといいですね。

③お誕生日プレゼント作戦（似顔絵、記念写真）

私は子どもたちの似顔絵をかくのが得意なので、ほとんど全員の似顔絵を誕生日にプレゼントしてきました。

（もちろん、かけない人は記念写真や手づくりペンダントなどでもいいですね。）

スキンシップ・コミュニケーションを

傘のもち上げも、名前をよぶことも、子どもたちとの大事なコミュニケーションです。

クラスではできるだけ、スキンシップ・コミュニケーションを心がけましょう。

①どれだけ重いのかな

身体測定があった時など、教室に帰ってから、どれだけ重いか「だっこ」をしてあげるとよいですね。(もちろん、ご自身の体力とご相談のうえですが……)

★ そのうち、体重を誤差１kgくらいで当てることだって、できるようになりますよ。

②あくしゅ!!

入学式の式場でひとりひとりに握手をしたことは、子どもたちの心に残るようです。

卒業アルバムにつく文集に「入学式のとき、先生とあく手して、ぎゅっとにぎられて痛かったことをおぼえています……」と書いた子もいました。

「よくできたね――!!　あくしゅ!!」

これもよい方法です。

③かたつむりさん

①「かたつむりさん」

担任のこぶしを子どもの腕にのせる。

②「つのだせ、つのだせ！」

こぶしを左右にくねらせて、上腕のほうへ動かす。

③「ニョキッ！」

人差し指と中指をのばす。

④「ニョキ、ニョキ、ニョキッ！」
子どものわきの下をくすぐる。

★　左手で手首をもって、逃げられなくしておきます。

④パッチンあいさつ

廊下などですれちがったとき、「へエーイ！」とか「げんきーッ!!」などと呼びかけて、手のひらをパチンとたたくあいさつをします。

⑤ぶんまわし、かつぎあげ

⑴　ぶんまわし

ちょっと体力がいりますが、子どもの後ろにまわり、わきの下から両手を入れて、まわしてあげます。

何回もまわすと、こちらも目がまわるので、2～3回がよいでしょう。

⑵　かつぎあげ

体力がある人や男性教師なら、「かつぎあげる」と子どもはよろこびますね。「さかさになる」ことは、子どもにとって楽しいものです。

★　この場合、手がすべって子どもを落とさないために、左手首はにぎったままで、右手で抱きかかえるようにします。（両手でかかえてもよい。）
肩までかつぎあげれば、さらによろこびます。

安全なかつぎ方

①子どもの両手首を持って広げる。

②子どもの頭を右わきの下へ引いて体につけ、右手で腰をまわすように抱く。
（教師は少し腰をおとす。）

③かかえるように持ち上げる。

「ふざける」ことの大切さ

最近、「個性的な教師が少なくなった」と言われます。

教師の多忙化、高齢化の問題もあるのかもしれませんが、いちばん大事なことは、教師が子どもに対して「ゆとり」を持てるような毎日の実践であるか、ではないでしょうか。

また、冒頭で述べましたように、教師の「児童観」「教育観」にも由来しますが、子どもたちと「ふざける」ことが、教師であることの出発点かもしれません。

①
あら、
ちいちゃんの
ほっぺ、
おいしそうね。
②
（ほほをつまんで、食べるまねをする。）
（この時、舌でほほをふくらませる。）
まあ、
おいしいこと。
（それをのみこむまねをして）
③
もうひとつ、
食べちゃおう
かな。

本気で「あそぶ」（休み時間）

休み時間、校庭に出て子どもたちと遊んでいる教師を見かけることはまれです。

もちろん「体力」の問題もあるでしょう。

それどころか、「休み時間」は職員室でお茶の一杯も飲んでひと息入れたいのですが、休み時間を使っての短い会議や打ち合わせで思うにまかせないこともあるでしょう。

でも、せめて１週間に一度、２週間に一度でも、校庭に出ましょう。

先生、
あそぼうよ。

ジャンケン
ポン!

はげましの声かけだけでも、子どもたちは一段とはりきります。

たかしくん、
すごいすごい、
がんばれー。
わたしも
みててね。

バトルロイヤル（体育）

「わっしょい、わっしょい」と、体育館に分厚いフワフワマットをはこんできます。
（なければ、普通のマットを６～５枚ぐらい重ねて敷きます。）
「さあ、みんな、この上にのぼってのぼって。このマットの上で押しあって、おっことされたらアウトだよ！」
（みんな裸足になります。）

まわりにもマットをおくとよい。

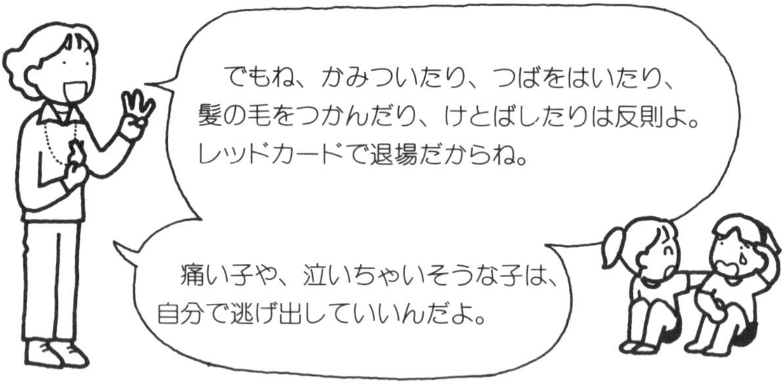
でもね、かみついたり、つばをはいたり、髪の毛をつかんだり、けとばしたりは反則よ。レッドカードで退場だからね。
痛い子や、泣いちゃいそうな子は、自分で逃げ出していいんだよ。

「作戦タイム!!」
「女の子あつまれーッ」
「あのね。みんなで、最初にいちばん強い○○君を、ほうり出すといいよ……シーイッ」
「ウン！」
「じゃあ、２回戦だよーッ」
「それーっ、○○君をほうり出せ！」
「わーッ、なんでだよーッ！」

みんな大さわぎ。

ちょっと乱暴な「バトルロイヤル」ですが、すこしベソをかく子がいても気にしません。ルール違反者は、先生がつまみ出してあげましょう。

なんなら先生もいっしょにどうぞ。

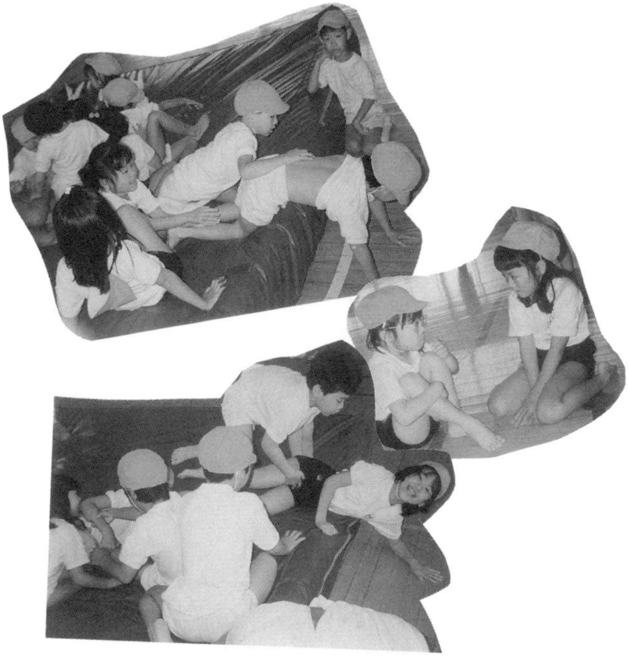

「こまったさん」対応策

A子ちゃんは、こまったこと、気に入らないことがあると、めそめそ泣いたり、だんまりです。

ある日も、泣いて机の下にもぐりこんでしまいました。そのうち泣きつかれて、折り紙をはじめました。

ふと思いついて、その日の夕方、わが子から「○○ちゃん、ボクにおりがみちょうだいね」と電話をさせましたら、次の日、ニコニコと折り紙をいつくも折って持ってきました。

（お友だちに電話をたのむのも有効です。）

Bくんはおこりんぼうで、すぐたたいたり、けっとばしたりします。

こういう子は家庭でもすぐしかられたりして「ストレス」を持っている子も多いので、

「何か、腹が立つことがあるんだね」などと声をかけて（応接室などで個別にお茶を出してあげたりして）、ある種の「特別対応」をとるのが効果的です。

先生とふたりっきりの約束をします。

チャイムがなっても遊びに夢中のCくんには、毎時間のはじめ、「○時間目のお勉強をはじめます！」の係になってもらいました。

「○班さん、いますか」と班ごとにそろっているか点検する役を、お友だちといっしょにやってもらうのです。

はじめての参観日

はじめての参観日。保護者のみなさんの関心も高く、当日は子どもの数より多い参観がある場合もあります。

参観が１時間のみの場合は、教科は時間割どおりか、担任が得意とする教科を選んでもよいでしょう。

ただし、いきなり複数学級による「合同体育」などで、かけっこやダンスをしたり、親を参加させてのゲーム的とりくみをしては、保護者の
「学校では、わが子は学習に対して、どんな反応をしているのだろう」
という期待に応えるものになりませんので、やはり学級単位でとりくむべきでしょう。

保護者が納得する授業を

いくらいつもどおりといっても、教科書を子どもたちに次々と朗読させる授業が10分も15分も続くとか、子どもたちの能力の差が多くの親の前で歴然とする、といった内容はさけるべきでしょう。

Point

❶「これならわが子もよくわかる」と、保護者が安心するように。
❷「先生は子どもにわからせるために、工夫しているなあ」と思わせる教材研究を準備。
❸　１時間の学習で「～が定着した」とか、「わが子の一面が引き出してもらえた」と感じられる内容の工夫を。

マジックさんすう授業の例

●準備するもの

問題が書かれたカード……数枚（厚紙でつくる）
答えの数字を書いたカード……５枚

●展開例

①「みなさん、もうたしざんはできますね。」
「では、このこたえは？」
（いくつか問題を記したカードを示す。）

②「では、きょうはたのしい『マジックさんすう』をしましょう。こたえは、先生のマジックで出てきますから、声に出して言わなくてもいいよ」
（あらかじめ、答えの数字カードは、左手の５枚のカードのまん中に入れておく。）
「ふしぎだよ。こたえは、この５枚の中にはいっているからね」
（みんなに数字をみせる。）

③　問題カードを見せる前に、数字を記した５枚のカードを裏にして、図のように、１枚目→２枚目→３枚目と、左手でおさえながら黒板に重ね、そのまま教卓上におく。

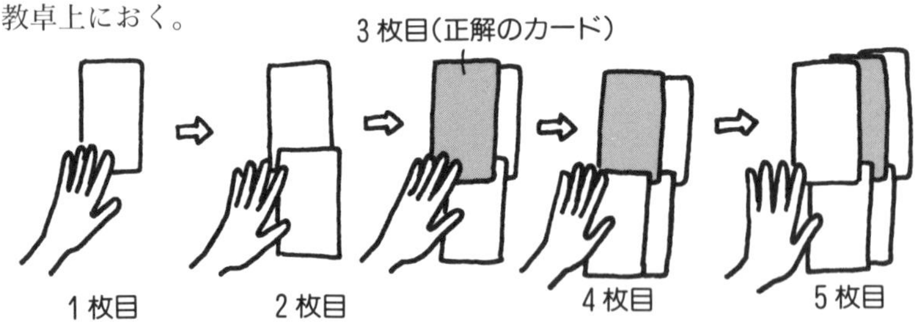

④「それでは、問題を出しますよ」

問題のカードを示す。

指さして答えを言わせる。

（挙手前に答えを言う子があってもよい。）

はい
3+4=

⑤「さあ、○○ちゃんのこたえは正しいかなあ？」

さきほどの５枚重ねのカードを両手で持つ。

「こたえは、これかな？」

子どもたち「ちがうよー！」

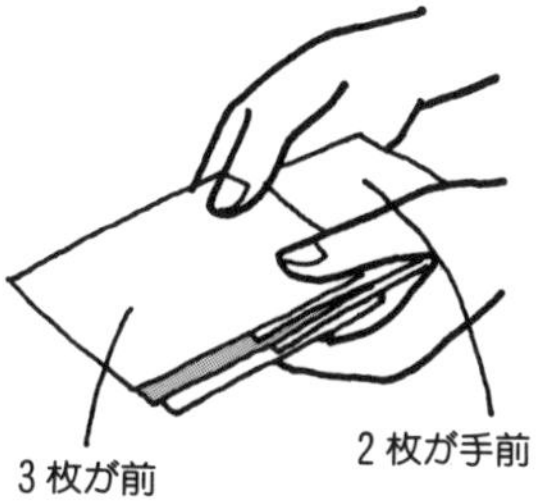
3 枚が前
2 枚が手前

8

（親指のほうで３枚を持つ。）

⑥　卓上に箱などをおき、そのまま２枚のほうを下にしてトンとカードをついておろすと、正解（３枚目）のカードだけがとび出したようになる。

（ちょっと練習してください。）

わー、
あたりー
はい
こたえでーす
あってましたか？
ピョン
7

⑦　問題をかえて、何回かやる。

参観日に心がけること

Point

❶　ふだんと大きくちがう「特別製」の授業にしないように心がけましょう。

＊　あらかじめ、問題用紙を紙に書いて用意する。

＊　絵カードの裏にマグネットをつけて、子どもの反応にあわせてはる。

＊　こどもの答えを誘導して、予想されることばをあらかじめカードにしておき、「はい、○○でしたね」ととり出す。

これらはよく見られる例ですが、ふだんからこうした授業をやっていないのに、前日にやっつけで準備してのぞむと、「みえみえ」になって好ましくないと思います。

用意された授業はつねに好ましいものですが、参観日に限り……という印象を与えては逆効果です。

❷　教室の掲示などは、それなりに整ったものにすることが大切です。

❸　忘れ物点検表や、成績などがあきらかにわかる掲示はしないように。（ふだんからもそうしましょう。）

学年集会をたのしく

1学期に一度か二度くらい、学年集会と取り組むのもいいでしょう。他の学級の子どもたちのようすを、学年全体をとおして理解するのもたいせつです。

Point

❶ 体育館など一堂にあつめたゲーム集会。

　ふだん、合同体育などでいっしょにボール遊びなどをする機会をつくっておくと、把握しやすいでしょう。

❷ 子どもたちが床に座って集中できる部屋での、お話し集会。

　紙芝居やパネルシアター、ペープサートなどをやる。

❸ みんなに自分たちの得意なものを披露する発表会。

　なわとび、マット、とびばこなど体育的なもの、自分たちでつくった紙芝居、絵や工作、朗読、作文発表会などは、複数学級の学年集会でとりくむと、子どもたちの意欲が高まります。

パネルシアター

「大きなかぶ」など教科書でとりあげたものでも、パネルにすると別の興味がわきます。

●準備するもの

マグネット黒板（色もぞう紙をはる。）
パネル（画用紙に登場人物などを描いて切りぬき、裏にマグネットをはっておく。）

●やり方の例

「おじいさんが、かぶのたねをまきました」
（おじいさんのパネルをペタッとはりつける。）

★　絵の不得意な人は、教科書や絵本をコピーして、着色してもよいでしょう。

次にはるものを置いておく。

パネルの係と、語り手を別にしてもよいでしょう。
「こぶとり」「スイミー」「金のガチョウ」なども楽しく演じることができます。

たのしい歌声

子どもたちは、歌うのも大好きです。ＣＤから流れる曲にあわせて、教室においてある私がバザーで求めたギターをかかえ、かきならしながら調子にのって歌ったり、みんなでおどりだしたりします。

現代のビートのきいた曲でもよくノリますが、「伝統的な」といいますか、かなり昔から歌いつがれてきたわらべ歌調の曲でも、おもしろさにつられて大よろこびで歌います。

●●●ググピン●●●

はとと、とんびと　やまどりときじと
かりがねと　うぐいすが　いっしょになけば
ググピン　ググピン
ピンカラショッケン
そーら　ケンケン
ケンチャカチャーの
チンチロリンの
ホーホケキョ

＊かりがね……渡り鳥の一種。かり、かもの仲間。

このうたは、リズミカルに、調子よく歌っておぼえます。

１年生は歌詞を書き示さなくても、口うつしでもよくおぼえてくれます。

ゆっくりからだんだん早口で歌ったり、息つぎをしないで何回、早口ことばのように歌えるかを楽しみます。

まだ国語の教科書はすらすら読めない子も、この「ググピン」なら、スラスラスラ……とみごとです。

ググピン

はとと　とんびと　やまどりと　きじと
かりがねと　うぐいすが　いつしよに　なけば
ググピン　ググピン　ピンカラ　ショッケン　そーら　ケンケン
ケンチャカ　チャーの　チンチロ　リンの　ホーホケ　キヨ

かえるのよまわり

これは、ジェスチャーも加えて歌います。

かえるの夜まわり	（手をたたきながら）
ガーコ、ガッコ	（２回手をちぢめて）
ゲッコ	（手をつき出して）
ピョーン、ピョン	（指を上にひらいてはねる）
ラッパふけ、ラッパふけ	（手でラッパをふくまね）
ガッコ	（ちぢめる）
ゲッコ	（つき出す）
ピョン	（はねる）
もっとふけ、もっとふけ	（ラッパをふく）
ガッコ	（ちぢめる）
ゲッコ	（つき出す）
ピョン	（はねる）
ガッコ、ガッコ、ガーコ	（３回、ちぢめる）
ピョンコ、ピョンコ、ピョン	（３回、指ではねる）
ゲッコ、ゲッコ、ゲーコ	（３回、つき出す）
ピョンコ、ピョンコ、ピョン	（３回、指ではねる）
ガッコ、ピョン	（連続２動作）
ゲッコ、ピョン	（連続２動作）
ガッコ、グッコ、ピョン	（連続３動作）

ガーコ　ガッコ　　ゲッコ

ピョンピョン

ラッパふけ

かえるの夜まわり

かえるのよまーわり がっこがっこ げっこ ぴょーんぴょん
らっぱふ けら っぱふけ がっこ げっこ ぴょん もっと ふ け もっと ふ け
がっこ げっこ ぴょん がっこ がっこがーっこぴょんこ ぴょんこ ぴょん げっこ げっこ げーこ
ぴょんこ ぴょんこ ぴょん がっこ ぴょんげっこ ぴょん がっこ べっこ ぴょん

こんめえ馬

　1年生の学級テーマソングにしたところ、授業参観の最後に、肩をくんで、ノッて歌いました。

こんめえ馬だちゅうて
ばかにすんでねえや
いまんみろ　でかくなって
のばらを　かけるだど
おらをのっげで　はやてのように
おらをのっげでなー　｝＊
（＊くりかえし）

「小さいからといって、馬鹿にするな」という1年生の思いがあるのでしょう。元気いっぱいの歌声でした。

　音楽の時間だけにかぎらず、朝の会や帰りの会、学級での誕生会などにも「学級ソング」として、いつも歌うとたのしいでしょう。

こんめえ馬

こんめ え う ま だちゅうて ば か にすんで ね や
い まーん み ろ で かーく なって の ばらをか けるだ ど
おら をのっげ で は や て の ように おら を のっげ て な あ あ
おら をのっげ で は や て のように おら を のっげ で な

歌入り準備運動（体育）

準備体操がわりに、この曲はいかがでしょうか。

右手を前に

みぎてをまえにみぎてをうしろにもいちどまえによくふって
みーぎにまわしてひだりにまわしてぐるりとまわってランラ　ラン

★1番

右手を前に（右手を前に出し）①

右手をうしろに（右手を後ろに）

もいちど前へ（右手を前に）

よく振って（上下に振る）②

右にまわして

左にまわして

ぐるりとまわって（4こ間で一周する）③

ランランラン（手首をまわす）④

①
③
②
④

2番は「左手前に……」、3番は「右足前に……」（片足立ち）、4番は「左足前に……」、5番は「右肩前に……」、6番は「左肩前に……」、7番「頭」、8番「おへそ」、9番「おしり」……と、ユーモラスにやります。

おへそやおしりは大げさに……。

おへそをまーえに

食べものをつくる

生活科

「自分たちでつくって食べる」のは、子どもにとって楽しい経験です。

生活科のなかの「食べる」とりくみとしては、地域にもよりますが、つぎのようなものがたのしいでしょう。

梅ジュースづくり

校内に梅の木があって実をとれればいいのですが、なければ梅の実を調達して、大型のビンなどを使ってつくります。

うめ　　ガラスびん　　さとう

●つくり方の例

① 梅は洗ってから、乾いたふきんでふく。(洗ったまま放置すると変色してしまう。)

② 竹ぐしで梅に穴をあける。

③ 広口ガラスビンに、砂糖といっしょに入れる。(砂糖の量は梅の重さと同じか、やや少ないくらい。)

④ ふたはゆるめにして、冷蔵庫や職員室のガラス戸つき戸棚など冷暗所に納める。

⑤ 1週間〜10日で梅エキスが出て、ドロッとした液がたまる。

⑥ 水で5倍ほどにうすめて飲む。(「1学期・あとすこし、がんばろうパーティー」などを開いて乾杯する。)

うめぼしづくり

クラスの人数分くらいの梅を用意します。みんなで荒塩をまぶし、カメにつけます。

★　カビの生えないように、担任が持ち帰って保管します。

土用干しをしたり、赤ジソで色をつけたり、手間はかかりますが、かけるだけおいしくなります。２学期のご飯給食の時に、みんなで食べましょう。

赤カブ（ラデッシュ）サラダ

学校の畑で育てたラデッシュを収穫して、よく洗い、サラダにします。（食べる前に絵もかくとよいでしょう。）

焼きイモパーティー、トン汁大会

収穫があれば、焼きイモパーティーを開きましょう。

また、材料をもちよって（グループごとに切ってもってくる）、肉とミソは学校で用意して、トン汁パーティーを開くのもたのしいでしょう。

夏休みのくらし

ぬり絵点検表をつくろう

ぬり絵をつかって、「夏休みのくらし・点検表」をつくります。

文字をたくさん書いたものより、わかりやすいものを。また、保護者が一度読んだらおわりではなく、色をぬったものを子どもの机のそばに張っておくとよいでしょう。

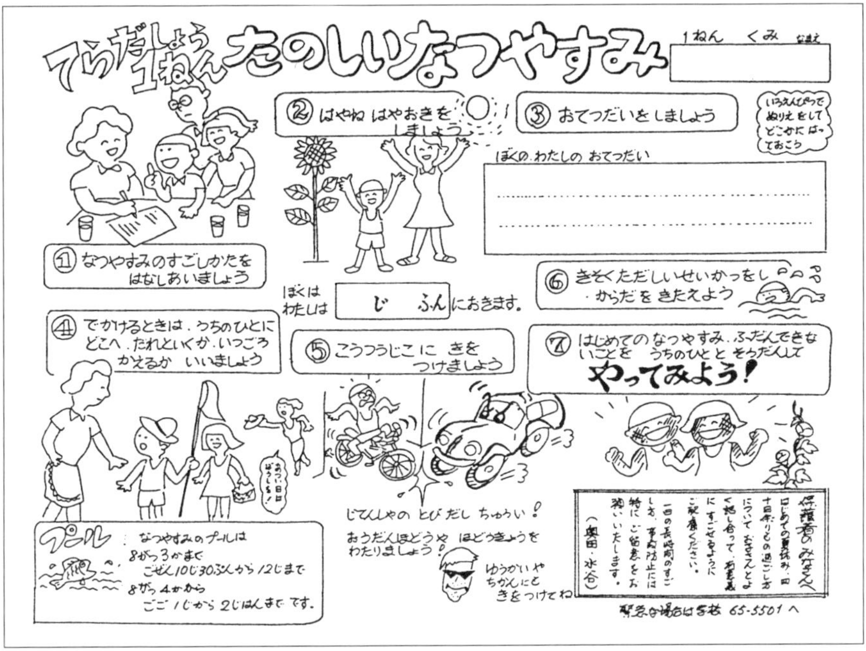

保護者へのヒントづくり

●はじめての夏休みを前に

はじめての夏休み――40日あまりもの期間をどうすごさせるかについては、保護者のみなさんも何か「ヒント」がほしいと思っていることと思います。

夏休みを前にした保護者会などの資料や「学級だより」をとおして、「はじめての夏休みのすごし方ヒント集」などを出してみるのはいいことです。

Point

❶ 生活リズムのあるすごし方。
❷ 長い休みを計画的にすごさせる工夫。
❸ 毎日、親がガミガミしかならなくてもよいほめ方や、お手伝いのさせ方。
❹ 夏休みの学習のさせ方。

夏休みのすごさせ方のヒント集としては、次のようなものがあるでしょう。

夏休みのすごさせ方のヒント（プリントの例）

①　親子で夏休みの計画を立てる。

　1学期の終業式の日の夕食後など、1学期の反省をしながら、夏休みのすごし方を話し合いましょう。

②　夏休みの目標をたてる。

（1）　15mおよぐ。

（2）　あさがおの水やり、おし花づくりをする。

（3）　おちゃわんは、ながしまではこぶ。

　など、1年生でもやれることを3つくらい決めます。

③　生活のルールをつくる。

（1）　1日の生活表をかんたんにつくる。

（2）　おとうさん・おかあさんのいないとき、どうするか。

（3）　でんわがかかってきたとき。

（4）　きょうだいでたすけあうこと。

（5）　かえるじかん。

（6）　おとうさんやおかあさんにれんらくをとりたいとき。(電話番号や相談する人をきめておく。)

こうしたものを画用紙にかいて、部屋にはっておきます。

④　親子でやれることを考えて計画する。

　家族で工夫して、いっしょにすごせるように計画します。

（1）　いっしょにものをつくる――「おとうさんってすごいな」と思わせる。(工作などのものづくり。)

（2）　おかあさんとする料理。

（3） お出かけの計画。

夏休みならではのとりくみを。

1．1番電車で「魚河岸」を見学する。

2．はやおき街散歩。

3．バードウォッチング。

⑤ 地域の行事に親子で参加。

夏のお祭りや子ども会の行事などで、近所の異年齢の子どもたちとも、お友だちの輪をひろげたいものです。

町会（子ども会）などでやっている早朝ラジオ体操も、「行ってらっしゃい！」だけでなく、二度でも三度でもよいですから、親子で参加しましょう。

地域公民館などで、地域のお年寄りの人たちと交流できるとりくみもいいですね。

⑥ 近所とのつき合いを積極的にする。

近所の子どもたちとは「ともにわが子」という気持ちでつき合いましょう。

3家庭ぐらいでいっしょに勉強会を開いたり、お食事会、おとまり体験も、親同士で話しあってとりくむといいでしょう。

⑦ 親子で文化にふれる。

親子劇場のおしばいやコンサートをはじめ、新聞の紹介欄にも注意して、展覧会、映画、プラネタリウム、科学展などをメモしておき、機会をつくって出かけてみましょう。

⑧ 夏休みの思い出づくりをいっしょに。

スケッチブックなどを利用して、スナップ写真やしおり、絵はがき、パンフレット、旅行の時の旅館のはし袋など、記念になるものをはりつけておくとよいでしょう。

それぞれにキャプションをつけたり、イラストを書きこんだり、絵日記などをはるのもよいでしょう。

⑨　家庭新聞づくりを。

出かけたところのようすや、夏休みに書いた作文・イラストなどを「家庭新聞」にして、コピーをとって親戚や友人に郵送します。

⑩　生活リズムを回復させる。

夏休みの終盤は、生活リズムを回復させます。

体力的に疲れている子もいるので、夏休みの最後ギリギリまでハードな予定を立てないように心がけましょう。

●●● 夏休み中の「学級だより」 ●●●

私は、夏休み中も１〜２号は「学級だより」を出しました。

プールの日などに来た子には手渡しし、近くの子へも「ゆうびんやさん」になってもらって届けます。ツテのない子は郵送しました。

「もう、なつやすみも、はんぶんすぎましたね。たのしいことをしらせてね……」といった内容で。

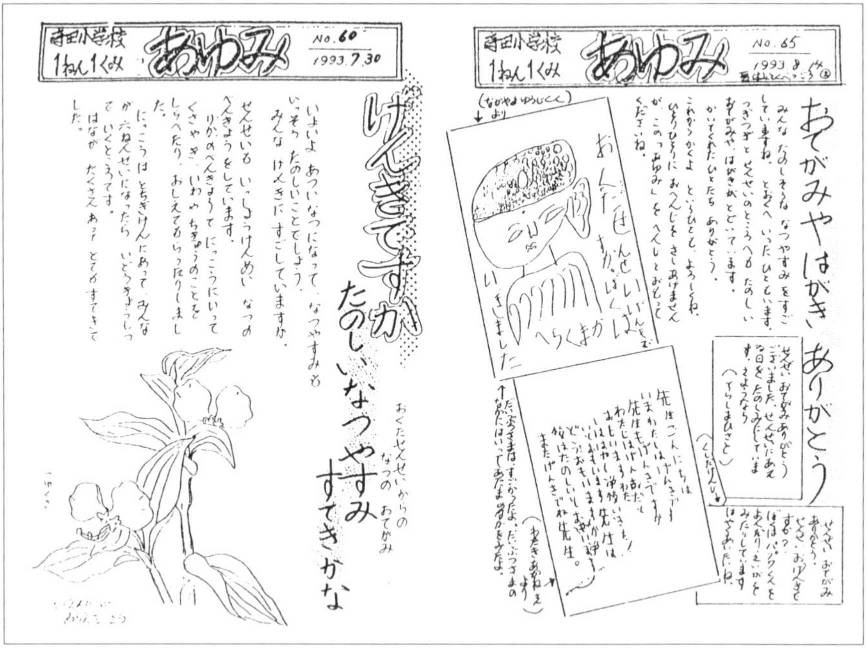

寺田小学校 1ねん1くみ あゆみ No.60 1993.7.30

げんきですか たのしいなつやすみ すてきかな

おくたせんせいからの なつの おてがみ

いよいよ あついなつになって、なつやすみも いっそう たのしいことでしょう。

みんな げんきに すごしていますか。

せんせいも いっしょうけんめい なつの べんきょうをしています。

りかのべんきょうで にっこうにいって くさや き、いわや ちきゅうのことを しらべたり、おしえてもらったりしました。

にっこうは とちぎけんにあって、みんなが 六ねんせいになったら いどうきょうしつで いくところです。

はなが たくさんあって とてもすてきでした。

寺田小学校 1ねん1くみ あゆみ No.65 1993.8.14

おてがみやはがき、ありがとう

みんな たのしそうな なつやすみを すごしていますね。とおくへ いったひとも います。

つぎつぎと せんせいのところへも たのしい おてがみや、はがきが とどいています。

かいてくれたひとたち ありがとう。

これからかくよ というひとも、よろしくね。

ひとりひとりに おへんじを さしあげませんが、この「あゆみ」を へんじと おもってくださいね。

（ながやま ゆうじくん より）

せんせい おてがみありがとうございました。せんせいにあえる日を たのしみにしています。さようなら（てらしまひさと）

（くしだけんじ）

せんせい おてがみ ありがとう。せんせい、おげんきですか？ ぼくは パンクくんを よんだり、えいがを みたりしています。はやくあいたいね。

●「外国」からの絵はがきに大喜び

海外旅行をした時に、旅先のホテルまで住所録のコピーをもって行き、現地で求めた絵はがきを現地の切手で出したところ、子どもはもちろん、親ごさんにも大喜びされました。

新学期の話題にもなっていいですよ。（ちょっと、おこづかいがいりますけど。）

夏休みのおたより

１学期がおわれば、どうやら文章らしきものもつくれるようになって、「せんせいあのね」もほとんどの子が書ける——ようになります。

遅れた子には個別指導も必要です。「せんせいに、はがきをだそう」という課題もよいでしょう。

学級だよりに教師の住所を載せて、はがきの書き方の復習をするのもいいですが、出費をおしまないのなら、はがきに担任のあて名を印刷したものを渡しておくとよいでしょう。（私製はがきをつくり、「切手をはってね」としてもよい。）

線を引いても
白紙でもよい。

夏休みにはいった翌日に、もう「先生、おげんきですか……」とハガキがとどき、笑ったこともありました。

手づくり教材をつかって

たのしい国語

くっつきの「を」「は」「へ」

きゅう しょく
を
たべる。
ゆき
は
しろい。
がっこう
へ
いく。
画用紙を切りぬいてつくる。
（裏面にマグネット板をはりつけるとよい）
色紙などを切ってはりつける。
なつやすみに
○○ちゃんは…
うみ
へ

かざりのことば（形容詞など）

あたま
くび
どう
はな
が
さく。
あかい
はな
が
さく。
どんなはなかな
あたまと、くびと、どうで
「文」ができますね。
これがいちばんみじかい文ですね。

あかいはながさく。
手をつけたら、どんなことばがはいるでしょうか？
「たくさん」さく！
ハーイ
「かだんで」さく！
ハーイ
そう、いろいろくっつけるとくわしい文になりますね。

子どもと楽しむやさしいマジック

①消えるカード

① テレホンカードや名刺大のカードを、図のように指にはさんで持つ。（人さし指と中指の間にはさむ。）

② 左手のひらを、カードを取るようなかっこうで、右手の前に横切らせる。

③ パッと右手をひらき、カードを手の甲のほうにかくす。（一瞬、カードが消えたように見える。）

①

②　③

②ティッシュのみこみ

① ティッシュをまるめる。

② 口の中へ。（入れるかっこう。）
じつは手のひらにのこしてかるく持っている。

①　②-1　②-2　②－3

③ 口の中は舌でほほをふくらませる。

④ ごくっとのみこむジェスチャー。

③

⑤「おや、おなかから出てきたよ」
⑥　すばやくティッシュを左手にもちかえる。
「もう一度ね」
（こんどは手のひらをみせず、右手でのみこむ。）

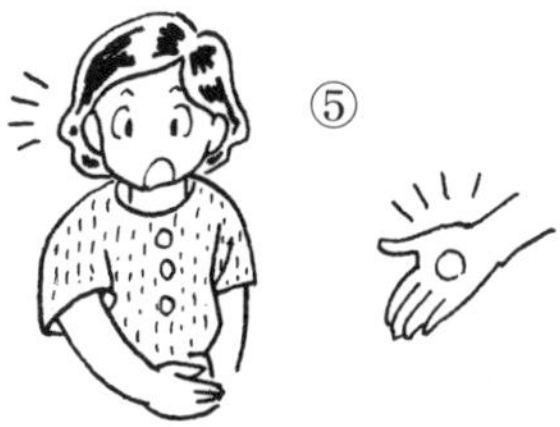

⑦（ごくっとのむしぐさ。）
ぱっと左耳に左手をつける。
⑧「おや、耳から出てきたよ」
（ティッシュを、少しずつ
引っぱり出すようにする。）

⑨　子どもから「ほんとにのんでないよ」の声がかかったら、
「じゃ、本当にのむと、おしゃべりできないから、指１本出したら『ワン』、２本で『ツー』、３本で『スリー』って言ってね」

「スリー！」の合図で、口の中のティッシュを「プッ！」ととばす。
子どもたちは「わー！」と大喜び。

運動会

「かけっこ」(40～50m徒競走) や定番の「紅白玉入れ」といった団体競技のほかにも、ひと工夫した内容をとり入れたいものです。

①あっちこっちボール

ドッジボール２こを網袋に入れ、ひもでつなげて、けって走ります。

あっちこっちにボールがころげてたのしくなります。

②いもむしおくり

ドッジボールを５～６こ、長い布袋に入れて、頭の上をはこびます。(順送球の変形です。)

③あいてはだーれ

ペアになる絵のカードをひろい、相手をさがして手をつないで走ります。

アニメや子どもの身近なもののペアの絵をかく

④おっかけつなひき

①　最初はAチーム、Bチーム(赤・白チーム) 5人ずつでつなひきをします。

②　各チーム2人ずつが徒競走で出発して、自分のチームを応援にいきます。(距離は15m～20mくらい。)

③　はやく自分のチームの綱についたほうが、はやく綱をひけるわけです。(コースと綱はTの字に配置するとよいでしょう。)

④　つぎつぎと綱のうしろについて引きます。

⑤子どもソーラン節

ソーラン節のおどりを、1年生むきにやさしくしたものです。

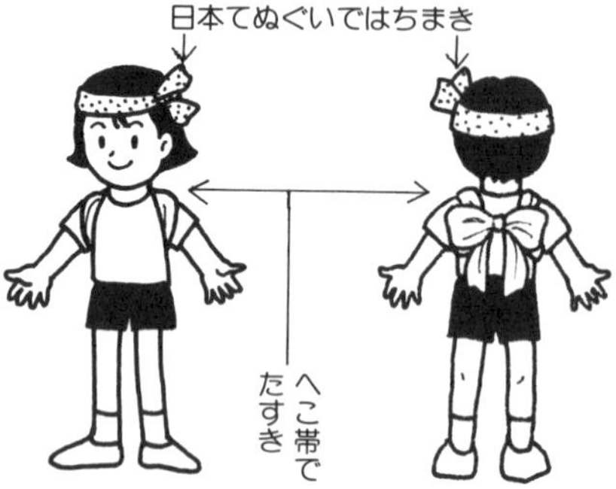

●おどり方

ヤーレン（にぎりこぶしを前にのばし）　ソーラン（むねに引く）　ソーラン　ソーラン　ソーラン

ソーラン　ハイハイ（手を2回うつ）　にしん（右手をのばし）　きたかと（引っぱる）　かもめに

とえばー　わたしゃ　たつとり　なみー　にーきけ　ちよい
(手をうつ)

やさ　えーえん　やーあ　さーあの　どーこい　しよ
(かごをかつぐ)(右足でトントン)(左足でトントン)　(こしをおとす)　(なげる)

はーどっこいしょ　どっこいしょ
(こぶしであせをぬぐうしぐさ)

★　２番は
「ハイハイ」のあと、あみを引きあげるかっこう。

右手で　(あみをひきあげるかっこう)　左手で

３パターンていどのふりつけをします。

他に「八木節」「花笠音頭」なども、１年生向けにふりつけを簡単にしてとりくみます。

展覧会のとりくみ

牛をかく

地域のようすにもよりますが、子どもたちに生き生きとした作品を創ってもらうには、生き生きした体験が大切です。

生活科の地域めぐりなどとあわせて、牛を飼っている農家を見学させてもらったりできれば、それを作品のテーマに生かすとよいでしょう。

① 牧場見学

近くの小さな牧場に見学に行きました。「スケッチ」をしにいくのではなく、「おどろき」の印象を大切に。

② ポラロイドカメラで記念撮影

気にいった牛さんと記念撮影（写真は展覧会の展示にも使用します。）

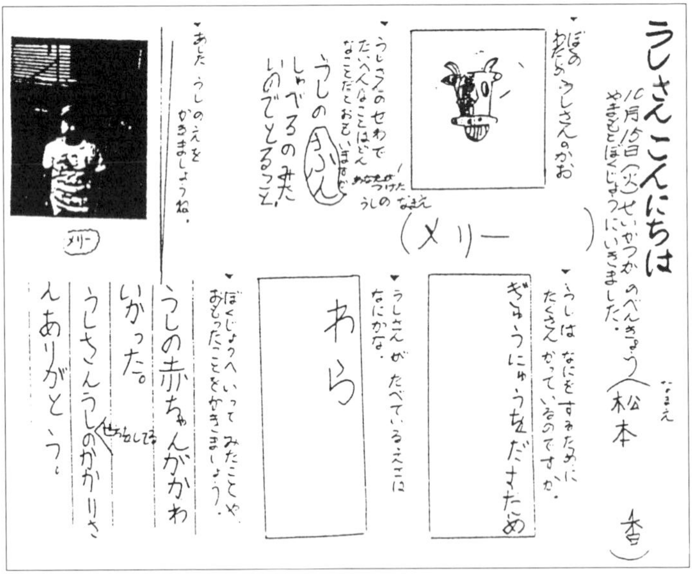

てらだしょうがっこう
1ねん1くみ
がっきゅうだより
つくしんぼ
No. 124
'96.10.23

がくげいかいのやくをきめました。

「どうぶつむらのうんどうかい」のげきを一くみはやります。
ねずみ10人、ぞう5人、うさぎ4人、さる4人、いぬ、ねこ、にわとり、らいおん それぞれひとりをきめました。
あしたからきゃくほんをよんでれんしゅうをはじめます。
にしもとくんも（やすんでいる）だいじょうぶです。できるやくをとってありますからね。

やまもとぼくじょう
ときわじゅんくんのえ

③　けんがくカード

教室で牛の印象を話し合い、「けんがくカード」をかきます。

④　牛の絵をかく

4つ切りの大きな画用紙に、思い出してのびのび牛の絵をかきます。

クレヨンとえのぐを並用します。

⑤　展覧会の展示

絵の下には、写真といっしょに、子どもたちの感想文も入れて展示します。

紙版画

展覧会にむけて、大版（4つ切り）の切りとり紙版画に挑戦しましょう。

●用意するもの

厚手の画用紙（4つ切り）…2枚
はさみ、のり、版画印刷用インク、ローラー

●指導の例

① 下絵をかく

この時、人物は大きくかくように。頭の大きさ、体の大きさを例示して、「このくらい大きくね」と目安をつけさせる。

★　頭と体のバランスに注意。

★　あまり細いところは切りとりにくいので、太めに訂正します。

② 切りとってはる

下絵を目安にして画用紙にかく。

頭の毛、まゆ、目、鼻、口……と別紙にかいては切りとり、重ねてはっていく。

★ 重ねてはらないとシルエットだけになることを、実作のもの（以前にやったものや、教師の作例）によって見せる。

③ 刷りのしたく

机の上に古新聞紙をしき、インクでよごれないようにする。

（机は配膳台など幅広いものがやりやすい。）

古い給食用の角盆などを利用する。
ローラー
古新聞１日分くらいをひろげて、めくって使えるようにする。
台に古新聞紙をしきつめる。

④ インクをつける

切りとったものを古新聞の上に置き、ローラーでインクをつける。

そっともち上げて、左の新聞紙の上に移す。

⑤　刷る

版画用の和紙などを上におき、バレンや手のひらでこする。（配置を考える。）

余白をインクで汚さないように注意する。

⑥　乾かす

刷りあがったら、よごれないように乾燥させる。

トリミング（バランスよく画面構成するために、余白を切りとること）をする。

⑦　仕上げ

色画用紙を台紙にしてはりつける。

作品例

はんが
二くみとがっそう・
うたのれんしゅう
せんしゅうに
つづいて
音がくは いっしょに べんきょうしました。
六年生をおくる会と
一ねんせいかんげいのもよおしものに
うたや がっそうとするみたいです。
ときわ じゅん
おかじまさんの
はんが
うまいね。
りな

学芸会

創作劇のとりくみ

１年生のようすにあわせて、「創作劇」にとりくむのもおもしろいですね。「そんな、『創作』なんて才能ないわ」とお思いの方も、ちょっとしたヒントをもとに、既製のものを改作したりすると意外と簡単です。

私のとりくんだクラス劇「どうぶつむらのうんどうかい」は、ロシアの民話「大きなカブ」をアレンジしたものです。

では、「どうぶつむらのうんどうかい」のはじまり、はじまり……。

●どうぶつむらのうんどうかい

〈でてくるどうぶつたち〉

ねずみ　①、②、③、④、⑤、⑥、⑦、⑧、⑨とチュー太
そう　①、②、③、④、⑤
ライオン先生
さる（おうえんだん）①、②、③
うさぎ（しんぱん）①、②、③
いぬ、ねこ、にわとり（ナレーター）
がっしょうたい（いろいろなどうぶつ。おうえんだんもかねる。）

〈ぶたい〉

うんどう会

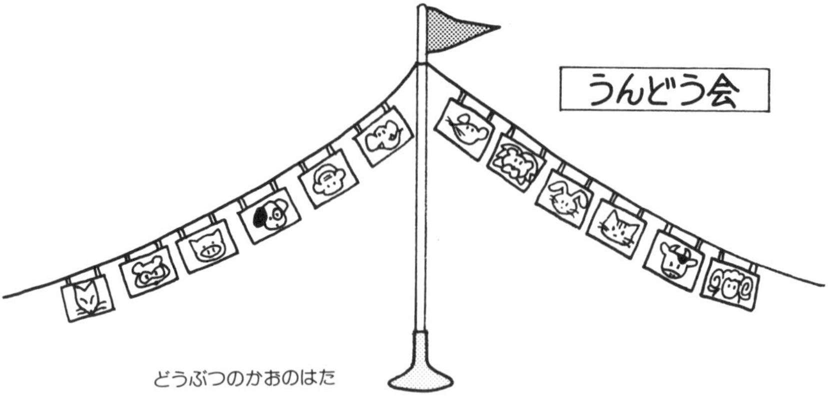

〈いるもの〉
つなひきのつな（適当なものがなければ、丈夫なロープを２～３本よじってもよい。）

おうえんのはた（赤、白、その他）
しんぱんのふえ
チュー太のまつばづえ（手づくり）

★　子どもたちに、自分の担当する動物の顔をかかせて、はちまきにつけたお面を用意すると、より楽しいものになります。

シナリオ

（いぬ、ねこ、にわとりがでてくる）

いぬ　　　よいお天きだあ！

ねこ　　　きょうは、どうぶつむらのうんどうかいです。

にわとり　おや、あっちから、ねずみさんたちがやってきましたよ。

（ねずみ①〜⑨とチュー太でてくる。チュー太は　まつばづえを　ついている）

いぬ　　　ねずみさんたち、おはよう！

ねずみたち　（ちいさなこえで）おはよう。

ねこ　　　おや、おや　ねずみさんたち　どうしたの。

にわとり　なんだか　げんきがありませんねえ。

ねずみ①　はい、はい。きょうはうんどうかいですからねえ。

いぬ　　　うんどうかいなのに、どうして

ねこ　　　げんきがないのですか。

ねずみ②　だって　ことしも　ぼくたち　ねずみチームは

〃　③　びりに　きまっているんですもの。

〃　④　ぼくたちは、もう10年つづけて　びりなんです。

〃　⑤　しかたがないよ。ぼくたち

〃　⑥　からだも　こんなに　ちいさいでしょう。

〃　⑦　ちからも　よわいし

〃　⑧　おまけに　ことしのつなひきは　ぞうさんチームと　あたってしまったんですよ。

〃　⑨　あーあ、こりゃだめだ

チュー太　それに　ぼくは、あしがわるくて、じょうずに　あるけません。

ねずみ①　だから、やるまえから、まけるに　きまっているんだよ。

ねずみたち　あーあ（ためいきをつく。）

（おんがくがなり、かけごえがきこえる。）

（かげで）　フレー、フレー、ぞうぐみ！　フレッフレッ、ぞうさん！　（くりかえす。）

ねずみ②　やれやれ、ぞうさんたち、もうあんなに　はりきっているよ。

〃　③　ぼくたちも、おうえんぐらい　がんばろうよ。

〃　④　そうだよ。いいかい。それじゃ　いくよ、

〃　⑤　フレー！　フレー、ねずみ、それ！

ねずみたち　（ちいさいこえで）フレー、フレー、ねずみ

ねずみ⑥　だめだめ、そんな　ちいさなこえじゃ。

〃 ⑦　でもねえ……。

（うさぎ①、②、③、④かけてでてくる。）
うさぎ①　ねずみさんたち、うんどうかいが　はじまりますよ。
〃 ②　もうみんな、あつまっていますよ。
〃 ③　はやく、ならんでください。
（ねずみ、うさぎ、みんな　しもて〈左〉へかけていって、そでにさがる。）
（かげで、うさぎ④のこえ）つぎはつなひきです。つなひきがはじまりまーす！
（ぞうたち出てくる。のっしのっしとあるくように。）
ぞう①　やれ、やれ、つなひきのあいては　ねずみさんたちだって……。
〃 ②　せめて、かばさんか、ごりらさんチームならいいのに。
〃 ③　これじゃ、やるきがしないねえ。
〃 ④　ぼくたちが　かつにきまってるじゃないか。
〃 ⑤　そうだよ。だから、かるーく　いきましょうか。
（ねずみ①～⑤でてくる。おうえんのさる①～④もでてくる。）
ねずみ①　わあ、ぞうさんたちは　大きいなあ。
〃 ②　ちからも　つよそうだなあ。
〃 ③　これじゃ　やるまえから　まけちゃいそうだよ。
〃 ④　でも　がんばろうよ。
〃 ⑤　そうだ、そうだ、がんばろう。
うさぎ④　はい、ぞうさんたち　ならんでください。
〃 ①　はい、ねずみさんたち　ならんでください。
（うさぎ、②と③でつなをならべる。）
〃 ④　では、ぞうさんチームと　ねずみさんチームの　つなひきをはじめます。

〃　③　　つなひきは　2かいします。つなをもってください。
さる①　　ねずみさんたち、がんばってえ！
〃　②　　ぞうさんたちも　がんばってね！
うさぎ①　よーい
〃　②　　ピーッ！（ふえをふく。）
（ぞう、ねずみ　つなひきをする、さるたち、はたをふっておうえんする。）
ねずみたち　よいしょ、よいしょ、オーエス、オーエス。
ぞうたち　よいしょ、よいしょ。
（たちまち　ぞうチームがかつ。）
うさぎ①　はい、ぞうさんチームのかちです！
〃　②　　つぎは、2かいせんです。
ねずみ①　しんぱんのうさぎさん、ちょっとまってください。
うさぎ①　はい、はい、なんですか、ねずみさん。
ねずみ②　ぼくたちは　こんなにちいさくて、ぞうさんたちは　あんなにおおきいんですよ。
ねずみ③　だから、5にんと5にんで　つなひきすれば、ぞうさんたちのほうがかつにきまっているでしょう。
うさぎ③　なるほど、それは　ねずみさんの　いうとおりですね。
〃　④　　そうだんしてみましょう。
（うさぎ、あつまってそうだんする）
ぞう①　　はっはっはっはっ。ねずみさんたちなんか、なんにんいたって。
〃　②　　ぼくたちには、かないっこないですよ。
〃　③　　2かいせんも　らくしよう、らくしよう！
〃　④　　そうですとも。チビさんたち！

うさぎ③　では、ねずみさんチームは、ふやしてもいいですよ。

ねずみ④　じゃあ、なかまをよびますね。

〃　⑤　おーい、みんな　でてこいよーっ！

（ねずみ⑥～⑨とチュー太出てくる。）

うさぎ①　じゃあ、いいですか。よういをしてください。

（ねずみ⑥～⑨　つなのそばにいく。チュー太は　たってみている。）

うさぎ②　では、2かいせんを　はじめます。

〃　③　よーい。

〃　④　ピーッ（ふえをふく。）

ねずみたち　わっしょい、わっしょい、オーエス、オーエス。

ぞうたち　わっしょい、わっしょい、オーエス、オーエス。

さる①　ぞうさん　がんばれ！

〃　②　ねずみさん　がんばれ！

〃　③　オーエス、オーエス。

〃　④　がんばれ、がんばれ。

（ぞうたちも、こんどは　がんばってひっぱっている。でも、おなじくらいのちから。ねずみチーム　まけそうになる。）

ねずみ⑥　うんとこしょ、どっこいしょ。

ねずみたち　うんとこしょ、どっこいしょ。

ねずみ⑦　まだまだ、ねずみは　まけません。

ねずみたち　まだまだ、ねずみは　まけません。

ねずみ⑧　わー、まけそうだあ。

〃　⑨　おーい　チュー太くん！　てつだってくれーっ！

チュー太　でも、ぼく　あしがわるいし……。

ねずみ①　いいんだよ、ちょっとだけ　ひっぱってくれれば！

チュー太　よーし、ぼくでよかったら。

（チュー太、まつばづえをおいて、つなをひく。）

ねずみたち　よーいしょ、よーいしょ。

ねずみ②　もうすこしだ、よーいしょ、よーいしょ。

ねずみたち　よーいしょ、よーいしょ。

（ねずみたちが　もりかえして　かつ。）

ねずみたち　わーい、かったぞー。かったぞーっ！

ねずみ⑧　チュー太くん　ありがとう。

〃　⑨　チュー太くんのおかげで　かてたよ。

チュー太　ぼくなんか、ちょっとだけ　ひっぱっただけだよ。

ねずみたち　チュー太くん、ありがとう。

（ねずみたち、はく手をする。）

ぞう①　だって、ねずみさんたちは、10人もいるんだもの

〃　②　でも、ぼくたちも、ねずみさんたちのことを、ばかにして　わるかったなあ。

らいおん　そうだよ、ぞうさんたち。ねずみさんたちだって、ちからをあわせれば、おおきなきみたちより、つよくなるんだよ。

ぞう③　はい、らいおんせんせい。ぼくたちも　これから　がんばります。

〃　④　ねずみさんたちのことを「チビ」だなんていいません。

〃　⑤　それにしても、チュー太くんがはいったら、きゅうに　ねずみさんチームは　つよくなったね。

らいおん　なるほど、なるほど。チュー太くんの　ちからは　ちいさいけれど、ねずみさんチームは、いっそう　がんばったんだね。

ねずみ③　　はい、らいおんせんせい。チュー太くんが　はいってくれたんですから。
　〃　④　　ゆうき　ひゃくばいに　なったんですよ。
　〃　⑤　　ふだんは、ちからのよわい　チュー太くんも、みんなの　なかまに　なってくれて、がんばってくれたんです。
　〃　⑥　　チュー太くん　ありがとう。
ねずみたち　チュー太くん　ありがとう。
チュー太　　はずかしいな、ぼくに　ありがとうって　いうなんて。
ねずみ⑦　　そんなこと　ないよ。
　〃　⑧　　チュー太くんがいたから、みんな　がんばったんだよ。
　〃　⑨　　だから、ぞうさんチームにも　かてたんだよ。
ねずみたち　ばんざーい、ばんざーい。
ねずみ①　　チュー太くん　ばんざーい。
ねずみたち　チュー太くん　ばんざーい。
（どうぶつたち、みんな　はく手をする。）
らいおん　　よかった、よかった。それでは、みんなで「どうぶつむらのこどもたち」のうたを　うたいましょう。
みんな　　　うたおう、うたおう。
（みんなでうたう。）

◆どうぶつむらのこどもたちのうた

どうぶつむらの　こどもたち
　みんな　なかよし　げんきだよ
おおきな　ぞうさん　ちいさな　ねずみさん
　きょうも　たのしく　あそぼうよ

どうぶつむらの　こどもたち
　ちからを　あわせて　がんばろう
いたずら　さるくん　やさしい　うさぎさん
　きょうも　たのしく　うたいましょう
　みんな　なかよく　くらしましょう

（やさしいメロディーで作曲する。）

Point

❶ 登場人物は、子どもたちの人数によって調節します。セリフをふやしたり、他の動物役をつくったりします。

❷ 上演時間の調節のため、ストーリーを加減してもよいでしょう。

❸ 大道具、小道具は工夫して手づくりします。

❹ 子どもたちの体格にあわせて、大柄な子はぞう、小柄な子はねずみなどと決めるとよいでしょう。

❺ これはひとつの案ですから、どんどん変えて、たのしいストーリーや動きを演出してください。

ゆうびんやさん

生活科

　２年生と協力してとりくみましょう。

「みんなで、ゆうびんやさんをしよう」

「はがきや手がみは、どうやってとどくのかな」

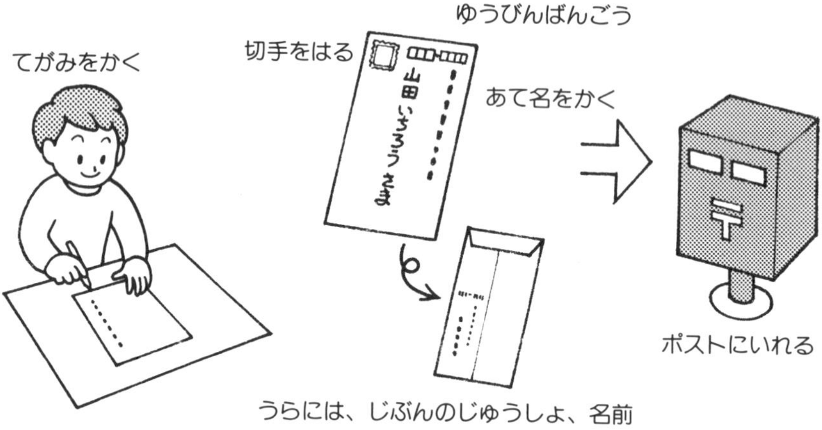

ゆうびんばんごう
切手をはる
てがみをかく
山田 いちろう さま
あて名をかく
ポストにいれる
うらには、じぶんのじゅうしょ、名前

「ここまでは、みんなしっていたかな」

ゆうびんやさんになろう

① したくをする。

　ポスト、ゆうびん受け（校内10ヶ所くらい）、切手、スタンプ、ぼうし、かばんをつくる。

（ダンボールやおかしの空箱などを利用する。）

80
50

② かかりをきめる。

「あつめるかかり」「スタンプかかり」「よりわけかかり」「はいたつかかり」「はがきづくり」「切手づくり」……など。

はるわよー

スタンプ
スタンプを
わすれず、
おしてね

校長室
校長先生には、
たくさん出したなあ
はがきには、
ふざけてかかないでね

Point

❶　はがきは画用紙に印刷します。

❷　切手は色付きの用紙に連ねて印刷し、切りとります。

コピーを連続してはる。

❸　スタンプは、担任の検印などで代用してもよいでしょう。

❹　他学年の職員や校長先生、事務の人たちに協力を依頼します。

（あまりたくさん集中しないように、子どもには枚数を制限してはがきを渡します。）

協力者には、返事用のはがきをわたして、お願いします。

（返事をコピーして、各クラスのさし出し人の子に出してもよいでしょう。）

文集づくり

1年間のあゆみの足跡として、文集づくりにとりくみます。手間のかかるやり方ではなく、「1枚文集」的に、子どもたちがおのおの書いたものを、そのまま編集して印刷するとよいでしょう。

●文集づくりの手順

① 3学期に書いた作文のなかから、その子の作品で適当と思われるものを選んでおく。

② 5～7㎜のたて原稿型ファックス用紙に清書する。
（黄色のペンで、書く範囲をかこんでおくとよい。）

③ 誤字、脱字の訂正をする。

④ 空白部分に、カットの絵をかいてもらう。

⑤ 表紙のデザインは、エンピツで自分の顔をかき、大きさを縮小コピーなどで統一して切りばりすると簡単。

⑥ 担任も巻末に一文をのせるとよい。

⑦ 保護者に原稿をよびかけるのもよい。

⑧ 写真版で、「1年間の思い出」のページを何ページかつくるのもよい。

はいりきれない顔は、裏表紙にまわします。

かんげいのことばの準備

新年度入学式

　３学期のおしまいになりますと、もうすぐ２年生。４月に入学してくる新１年生入学式のための「かんげいのことば」を、自分たちがやることになります。

●「かんげいのことば」の例

●１年生のみなさん。
●ごにゅうがく、おめでとうございます。
（全）お、め、で、と、う、ございます。
（おめでとうのカードを高くあげる。）
●みなさんが　にゅうがくするのを
●たのしみにまっていました。
●○○しょうがっこうは、とてもたのしいところです。
（全）とても、たのしいところです。
●わたしたちは、○○しょうに、きょねん　にゅうがくしてから
●まいにち、たのしくあそびました
●たくさんのことを　べんきょうしました。
●いろんなことが　できるようになりました。
●こくごの本が　すらすらよめるようになりました。
（３～４人が、教科書を５～６行ずつ朗読する。）

●なわとびも、できるようになりました。
（5～6人が体育着で前に出る。）
（司会役の子が笛をもち、「前とびです」「後ろとびです」「あやとびです」「交差とびです」「2重とびです」などと紹介し、笛の合図でとんでみせる。）
●5月から　きゅうしょくがはじまります。
●きゅうしょくは、とってもおいしいので、たのしみにしていてください。
（給食の割烹着、帽子をかぶった数人が前に出て、パン、牛乳、おかずなどの絵をあげて見せる。）
●えんそくや、うんどうかいがあります。
●あきには、ことしは「がくげいかい」もあります。
●ほかにも、たのしいことが、たくさんあります。
（全）たのしいことが、たくさんあります。

●入学のおいわいに、わたしたちで合そうをやります。
●きょくは「○○○○○」です。
（校歌や、新1年生といっしょにやる歌あそびなどでもよい。）
●1年生のみなさん。
●あしたからも、元気で○○小へきてください。
●わからないことがあったら、ぼくたちや、おにいさん、おねえさんたちに、なんでもきいてください。
●きょうから、わたしたちといっしょの、○○小のなかまです。
●みんな、なかよくしまよう。
（全）なかよくしましょう。

★　学校の状況に応じて内容は変えます。時間は5～6分くらいでとりくめるものにしましょう。

おわりに

冒頭に述べましたように、現代の教育のなかで、１年生の担任もまた大変という事態になっています。

入学してまもなくは、１年生担任となったベテランの先生も、

「孫のようで、かわいいわ」

と言ってたのに、もう５月６月になると、

「ちっとも言うことをきかないし、毎日もぐらたたきのようで疲れてしまう」

「大きな声の出しすぎで声がかれてしまった」

「休み時間にもクラスをはなれられなくて、膀胱炎になって発熱してしまった」

などの声がきかれ、子どもたちの指導も、経験だけではたちゆかなくなっています。

どうして？

親の様がわりのようすが、職員室の話題のなかに、ため息まじりに出るなど、さまざまな要因があるようです。

子どもたちもまたストレスいっぱいで、いわゆる１年生らしく、くったくなく、素朴ではいられなくなっているのでしょう。

幼い時から大人（親）のペースのなかで「はやく、はやく！」とせきたてられ、「これしちゃダメ！」「ああしなさい、こうしなさい」と指示されて育っています。

逆に「○○くんはこれしたいの、したくないの？」「どっちがいいの？」とあれこれ、わがままを助長されている面もあります。

要するに、親のにこやかな笑顔と、静かな（１日中テレビなどの騒音のない）生活環境のなかで、のんびりゆったりと暮らしてはおれない現実が、子どもたちの背景にあります。

そして、騒ぐ子、指示を無視する子、勝手気ままに欲求のままに行動してしまう子、人と人とのかかわりがヘタで、すぐ友だちとトラブルをおこす子などに共

通する一面として、「愛情に飢えている」とでも表現するのが適切なほどの、やすらぎのなさがあります。

どうするか

　こうした子どもたちにも、私たち教師が指導に手こずった心理状態でなく接して、抱きしめてやったり、抱っこやおんぶをしてやったりすると、本来の子どもらしさをちゃんと持っている場合があります。

　ペスタロッチも「どんな困題な状況にある子も、愛情と信頼による教育をすれば、心がひらかないはずがない」と自伝などで述べています。

　要は私たちが、いっしょにいらだったりしないで、子どもたちの現実から出発して、ねばり強い対応をするほかにはないようです。

　とてもむずかしいことですが、それにはひとりで思い悩まず、近くの仲間や保護者から学びながら、一歩一歩進むほかにありません。

　この本に書いたことも、１年生指導のほんの一例にすぎません。地域のちがい、相手のちがい、人数のちがい、学校の雰囲気や職場の人間関係のちがいによって、さまざまの対応があります。

「99人に最善のことが、ひとりの子に最悪のことあり」なのです。もちろんその逆もあります。

　まさに「人皆に美しき種子あり、何が咲くか？」なのです。

みんなの智恵をよせあって

　かんじんかなめなのは、職場の協力体制、はげまし合いの人間関係をつくっていくことではないでしょうか。

　なんでも気軽にものが言え、悩みを出しあい、実践上の協力をしあえる職場にすることこそ、日々の教育実践を楽しくしていくカギです。

　この点では、管理職にある人も、教育者としての力を発揮してほしいものです。

　みんなが明るく、すばらしい学校をつくっていける環境づくりに努力してほしいですね。みなさんの職場ではいかがでしょうか。

　日々、困難なことが多い現実ですが、私たちがいつまでも、子どもたちとともに生き生きと働き続けることができる職場でこそ、子どもたちと快活に、笑顔と歌声とともにがんばれるのではないでしょうか。

　心がまえとして、やる気、根気、のん気の「教師の三気」で、がんばろうではありませんか。
　とりわけ三つめの「のん気」は、現実は大変ですが、楽天性をもって、ということです。
　みなさんの、生き生きとした1年生の学級づくり、学習の場づくりを期待いたします。

●参考文献●

『遊び・ゲーム　ワンダーランド』
『みんなで遊ぼう12ヵ月　全校・学年集会ランド』
『［ボリュームアップ版］手品＆マジック　ワンダーランド』
『学級担任のための遊びの便利帳』
『教室でできるクイックコミュニケーション手品』
『つまずき解消！クイック絵画上達法』
以上の本に、子どもたちと楽しく学校生活をおくる手だてを載せましたので、ご参照ください。
（いずれもいかだ社刊、奥田靖二編著です）

増補編

若い先生たちへのアドバイス

教師になって、希望をもって子どもたちの前に立ったのに…。

1年もたたない間に(あるいは数年で)、教師という仕事に疲れ果てたり、子どもたちや親との対応にこまったりして、心と体に変調をきたす若い先生がいます。

うまくいかなくて当たり前

たしかに、現代の子どもたちや親の変容は一面大変です。

社会人となり、学校という職場での教師集団との対応にむずかしさを感じてしまう人もいるでしょう。

しかし、「うまくいかなくて当たり前」と思ってください。

一歩一歩学びつつ、経験しつつ進むのですから。

こまったことはすぐ相談

「こまったなあ」と思ったら、“自分のせい”にしないですぐ近くの先生に相談しましょう。自分の中にためこんで、ひとりで悩みこまないようにしてください。

「何がこまったことなのか」を客観的に先輩の仲間に話し、対応策のアドバイスを受けましょう。

気持ちを切りかえる時を

処理しなければならない事務的な内容もふくめて、ついつい学校に遅くまで居残ってしまうことが多くありませんか。

しかし、パッと気分を切りかえて、「今日の仕事は切り上げて明日にまわす」ことがあってもいいのです。家に仕事を持ち帰って続きをするのではなく、他の事をして気持ちを切りかえてみましょう。

ボンヤリする時間や、自分の趣味などにあてる時間を大切にして、メリハリのある毎日にすることが大事です。

休日はゆっくり休む

休日は、休むためにある日です。

もちろん休日にまで持ちこす仕事もあるでしょうが、疲れが抜けない休日のすごし方は避けましょう。

休んで体勢をたて直す

「どうも気分が落ちこんでしまう」「学校に行くのがつらく感じてしまう」

こうした事態になることもあるでしょう。

それらが深刻にならないうちに、思いきって金曜日などに休暇をとって、3連休にまったく別なことをして体勢をたて直す機会をつくることもやってみましょう。

「仲間の先生たちに迷惑がかかる」「子どもたちのことが気にかかる」といった心配を、いったん横に置くことも必要です。

そうすることは、事態をいっそう悪い方向にもっていかないための事前の対策でもあり、それが心配を未然に防ぐことにもなります。

教師の基礎・基本力をつける

教師としての力量が不十分なのは若い先生なら当然のことですが、一歩一歩「教師の基礎・基本力」とも言うべき力量をつける努力が必要です。

第一歩は学ぶこと

では、その力をつけるにはどうしたらよいのでしょう。
ひと言で言うなら「学ぶこと」につきます。

教師の疲労は体よりも精神から来ます。「精神が疲れる」のは、子どもたちを指導する見通しがつかないことに第一の原因があるのです。
つまり、目先の問題ばかりで悩みが占められる状態から視野を広げるには、その指導の見通しについて学ぶ必要があります。

先輩たちのすぐれた実践から学びましょう。本を読む、研究会に出る、先輩からアドバイスをもらう――いろいろな方法で具体的にヒントを学び取りましょう。

学ぶことは疲労から回復するための特効薬です。

この本の中身からもぜひ、「まねる」ことからはじめて「学んで」いただきたいと思います。

教師の基礎・基本力って？

1年生の担任に限ったことではありませんが、私たち教える側が、教育とはどういう営みであり、教師とはどういう仕事なのかという基礎・基本を持つことは、とりわけ重要です。

●教師力の樹

「最初がかんじん」という原則は、どんな場合でも重要なことで、もちろん学級づくりにも当てはまります。その基本は、教師自身が身につけた「教師力」とも呼べる教師の力量にあります。

下の図をご覧ください。これが「教師力の樹」です。

毎日の授業で子どもたちに発することば、あるいは黒板にかく文字や図、教材など、「いかにして」に当たるのが「ノウハウの葉」です。深く、広く、しっかり張った「学習の根っこ」が実践を支え、新しいノウハウを生みます。そしていちばん大切なのは、そうした根と葉の中心となる「幹」、つまり教育観・児童観を、教師がしっかり持つことです。

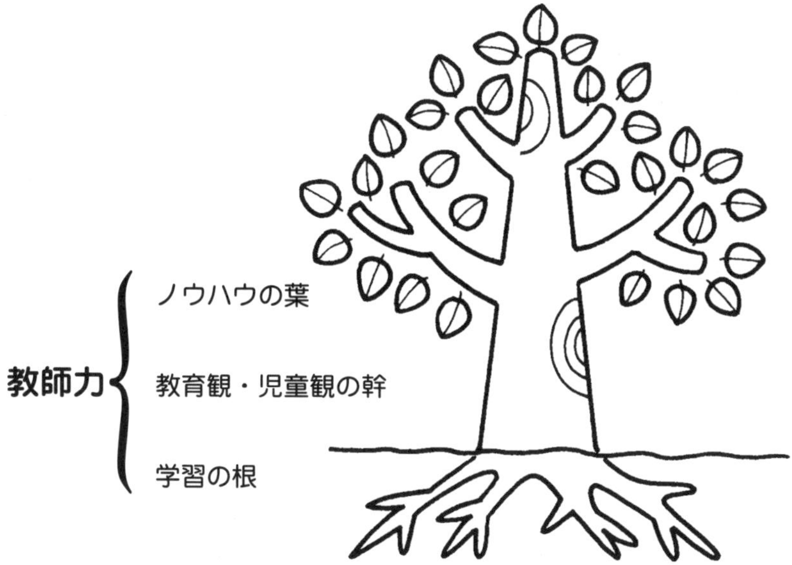

教育の仕事とはどういうものなのか、子どもたちをどう見るのか……こうした「幹」によって、なにを学ぶのかの根や、どういう葉っぱを使って子どもたちに対するかが、まったく違ってくるのは当然です。

私の考えている「幹」は、たえず子どもたちから学ぶ教師、子どもの力を引き出す役割としての教師です。さらに、子どもたちをつねに伸びていく存在として見ることだと思います。

こうした教師と子どもたちとの関係は、

> 教育とは、己《すで》に成長の止った教師と、成長性の旺盛な子供との交渉ではありません。互に燃ゆるやうな成長の中途にある大人と子供が、ぐるになって生活を喜ぶ、そこにだけ教育があります。

という池田小菊のことばに端的に示されていると思います。

「ぐるになって生活を喜ぶ、そこにだけ教育があります。」……この意味をかみしめたいものです。

池田小菊……大正末から昭和初期、奈良女子高等師範学校附属小学校で教えた女教師

●教師、このすばらしき仕事

ここに高知県の小学2年生、白石あずささんの「先生」と題する詩があります。（高知県こども詩集『やまいも』第23集・高知新聞社）

> **先生**
>
> 先生とならんでいたら
> 南くんが、
> 「二人とも顔がにちゅうねえ」
> と言った。
> すると、先生が、
> 「そうよ、私のむすめよ」

と言った。
私は、とってもうれしかった。
でも、ちょっとはずかしくて、
にこにこしながら下をむいていた。
一日だけ、
先生の家の子どもになってみたいなあ。

先生と顔が似ていると言われた子どもから、「とってもうれし」く、そして「一日だけ先生の家の子どもになってみたいなあ」と言われる教師。すてきだと思いませんか、教師の仕事って。

と同時に、「教育困難時代」といわれる現代、子どもたちの荒れなどの現実によって、教師自身の心が壊されてしまうほど大変な仕事でもあります。

教えるとは　ともに未来を語ること　新任校の香り立つ窓
（毎日新聞歌壇欄より）

こんな爽やかな心境で、教室に向かえる教師でありたいものです。

1年生の基礎・基本

近年の1年生は、入学前にいろいろな「知識」や経験を保育園・幼稚園で体験していますので、おしゃまにいっぱしのことを知っていたりします。

しかし、子どもたちの学習や、生活の基礎・基本に目を向けると、はたしてこれでいいのかと思われることがあります。

学習面を支える土台や、集団生活の中で必要なルールの基本をしっかりおさえておくことも大切です。

小学1年生にとっての基礎とは？

小学１年生の子どもたちにとっての「基礎・基本」とはどういう内容なのでしょうか。

「ひらがなが正しく書ける」「くり上がりやくり下がりの数の計算ができる」という判断基準もたしかに大切でしょう。

しかし、その前提となる「土台」についてしっかりおさえ、そのうえで各教科の基礎・基本について指導する必要があると思います。

お城の石垣のようにしっかりした土台さえ築いておけば、中・高学年になってもまず心配のない、本当の学力を積み上げていくことができるでしょう。

1年生になる以前の
土台について、考えて
おく必要があります。
小学1年生の基礎・基本
その土台になっているもの

土台を築く

子どもの発達においてまず大事なのは、一定のリズムのある生活習慣（毎日、毎時間）の成立です。

しぜんに目のさめるような十分な睡眠や、規則正しい食事、排泄などが基本です。

食事が基本

生きていくうえでもっとも基本となる食事は、その子の一生をつうじた土台中の土台をつくるものです。

1　できるだけ添加物のない食材を使って料理する
2　多量に甘味料がはいった飲み物を与えない
　（乳幼児に缶入り清涼飲料水などはよくない）
3　着色料使用の菓子類を与えない
4　レトルト食品などの多用はさける
5　ファーストフード店につれていかない

子どもたちはテレビCMなどによってこれらの食品を「よいもの」「おいしいもの」と教育されがちですが、親や保護者がこの5点を心がけるだけでちがってきます。

「日常生活が多忙だから、そんなことにかまっていられない」という人は、将来にその何倍、何十倍もの苦労をしょいこむ「つけ」がまわってくることを覚悟するべきでしょう。

最近増えつづけているアレルギーなどは、食物に原因ありと指摘する人もいます。保護者会で話題にしてとりくむこともできます。

基本的生活習慣とは

基本的生活習慣としては、最低どんなことを考えたらよいでしょうか。

●節目とリズムのある生活

1日のスタートから、「まずこれをやる」「つぎはあれ」と節目のある生活リズムをつくりたいものです。（もちろん弾力性はもたせます。）

親の指示がなくとも、自分自身で動けるような判断力をもった子にしたいものです。

「着がえたの？」「顔洗ったの？」「はやくしなさい！」とつぎつぎに指示を出さずにすむような。

パジャマを着たまま洗顔をはじめたり、食事をしながらテレビをみたりといった習慣は、大人自身から改善しなければ、子どもはそれが当たり前と思ってしまいます。

●「きちんと」は大事な徳目です

「きちんと」はとても大事な徳目のひとつです。

パジャマはたたまなくても、「この○○ちゃん用のカゴに入れて」ということから習慣化することができます。

オモチャのかたづけも同様です。遊んで散らかしたままつぎのことを始めないよう、徐々に教えます。

もちろん神経質にしかりつけて教えこむのではなく、いっしょにやりながら教えるようにしましょう。

「ほら、こんなにきれいになったわね」

「まあ、1人でおかたづけできたの！　えらいわ」

と、ほめことばもかけてあげます。

授業にはいる前の基礎・基本

もう一度、しっかりおさえる

土をよく掘り起こし、
肥やしで地味をつけてから、
種まきをします。

1年生の石垣を積むためには、その土台となっている基礎がためが大切です。畑の土づくりと同じです。

乳・幼児期に基本的生活習慣や生活のルールが身についていなくても、1年生という社会（教室）でもう一度みんなとおさえなおしていく事が大切で、それからでも間に合うことです。

大人をまねる＝学ぶ

「学ぶ」の語源は「まねる」だそうです。また、「子どもは親の言うようには育たないが、やるようには育つ」ともいわれます。

同時に、大人の不見識も、そばで見ていて「学んで」いる子どもに影響します。

ポイ

親や先生の日々の言動は子どもたちにすぐうつってしまいますので、大人の側も注意することが大切です。保護者会でも話しあってみましょう。

学級づくりの基礎・基本

チャイムが鳴ったら席につく

学校は、教室で、みんなで勉強するところです。よーいどん、で勉強にはいれるように席に座っていると、先生のお話がよくわかりますよ。

入学後すぐに、「チャイムが鳴ったら、教室にはいって、自分の席につく」という指導をくり返します。

最初にこれを曖昧にしてしまうと、のちのち大変です。

ただし、「きびしいしつけ」＝「学校って大変なところだ」と思わせないよう気を遣います。

おしゃべりは「はい」と手をあげて

なにか言いたいこと、答えたいことがあったら、「はい！」と元気よく言って、手をあげてください。「はい」は1回だけでいいですよ。

「○○さん」「△△くん」と呼ばれたら、おしゃべりしたり、答えてもいいきまりにします。

これが最初のお約束です。

起立させるかどうかは、指導者の考えで——私は1年生の場合、朗読のとき以外は起立させていません。

言いたくてもがまんする

「ぼくも言いたい」「私も答えたい」という人がたくさんいても、名前を呼ばれた人だけ話すことができるきまりにします。

言いたい人、答えたい人は、つぎに名前を呼ばれるまでがまんしてください。

どうしてでしょうか？

みんなで話してしまうと、だれがどう答えていたかわからなくなって、教室の中ぜんぶが騒がしくなってしまうからです。

騒がしくなると、先生の言うことや、お友だちの答えが聞こえなくなってしまう人が出てしまいます。

これが2つめのお約束です。

授業中の立ち歩きはだめ

3つめのお約束は、勉強している時は、教室の中を立ち歩いてはいけません。

先生が「こちらに来てください」とか何かをおねがいした時と、気分が悪い時と、トイレに行きたい時はベつです。

トイレに行きたくなったり、体のぐあいが悪くなったりしたら、手をあげて「先生、トイレに行きたいです」「頭がいたいです」と言うか、そのまま先生のそばまで歩いてきて「トイレに行ってきます」と言ってください。

トイレに行くのをがまんすることはありませんが、できるだけお休み時間に行っておくほうがいいですね。もちろん行きたくなったら、時間中でもかまいませんよ。

体の具合が悪い時は、となりの人に言ってもらってもいいです。

きょうしつのきまり

がっこうで　べんきょうが　はじまる　ちゃいむがなったら、きょうしつにはいります。

きょうしつでは、じぶんの　いすに　すわって、せんせいの　くるのを　まちます。

きょうしつで　こたえたり、おはなししたい　ときは、「はい。」と　おおきな　こえで　いって、てをあげます。

せんせいに　なまえを　よばれたら、はなします。

きょうしつでは　かってに　たって　あるきません。

といれの　ときや、きぶんが　わるくなった　ときは、せんせいの　そばに　あるいていって　わけをはなします。

声に出して読みあげるよう、指示してください。

仲よくしよう

教室でのトラブルは1年生でもつきものですが、大きなケンカやケガをともなうような事故にならないように、ふだんからの指導が大切です。

●「認めあい」を学ばせる

「クラスには自分とちがったいろんな人がいる」
と考え、認めあうように、ふだんからとりくみます。
「自分さえよければいい」
は共同生活のなかで抑えなければならないことを学ばせます。

●自分の思いどおりにいかなくても

① 怒らない——大声でおどしたり、暴力をふるったりしない。
② めげたり、泣いたりしない。
③ 言いたいことははっきり言うが、人の話もよくきく。

●人権感覚の基礎を学ばせる

「不当に責められることにめげず、発言する」は人権感覚の基本です。しかし、それができない子には、担任が、
「○○ちゃんは～～されてイヤなんだよね」
と、かわって発言してあげましょう。
「イヤならイヤと、はっきり言いなさい」
では、かえってその子を萎縮させてしまう場合があります。
それぞれの子どもたちの状況に合った判断が必要です。

おともだちと　なかよくする　ために

大きな　こえで　ともだちを　せめたり、たたいたり、けったりは　しません。

いいたい　ことや、こまった　ことは、はっきりいいます。
いえない　ときは、先生《せんせい》に　かわって　いってもらいます。

こまった　とき、ないたり　しないよう、がんばります。

ないたら、あとで　先生《せんせい》に　そのわけを　きいてもらいます。

おともだちが　いやがる　わるぐちは　いわないようにします。

みんなと　なかよく　あそべるように　がんばります。

トラブルが発生した時などに、声に出してみんなで読みあげます。

学校での事故をなくそう

事故は、ふだんから心がけて子どもたちに注意をしていても、不可避的に発生します。

そのつど相当する項目を子どもたちに言わせ、事例に応じてどう対応するかを指導します。

がっこうで　けがを　しない　ために

きょうしつの　中《なか》では　ボール《ぼおる》を　なげたり、はしりまわったり　しません。

まどわくに　のったり、たかい　ところへ　のぼったり、とびおりたり　しません。

きょうしつから、ろうかに　はしって　とび出《だ》しません。

ろうかは　はしらずに、右《みぎ》がわを　あるきます。

うんていや　ジャングルジム《じゃんぐるじむ》や　てつぼうや　ブランコ《ぶらんこ》は、おっこちないよう　気《き》を　つけて　あそびます。

ふざけて　友《とも》だちを　けが　させないように、気を　つけて　あそびます。

これらを総華的にではなく重点的に、1項目ずつ1週間単位くらいで学ばせましょう。

本書は、1998年3月小社より刊行されたものの増補新装版です。

編著者紹介●

奥田靖二（おくだ　やすじ）
元東京都八王子市立寺田小学校教諭
子どもの文化研究所所員　新しい絵の会会員

著書
『みんなで遊ぼう12ヵ月　全校・学年集会ランド』
『新任教師ファーストブック　はじめての仕事と心得』
『学級担任のための遊びの便利帳』
『つまずき解消！クイック絵画上達法』
『つまずき解消！学級づくり上達法』（以上、いかだ社）
『学校イベント遊び・ゲーム集』全3巻（教育画劇）など

イラスト（あいうえお順）●
いなみさなえ／岩崎美紀／遠田雪代／早川由美子／藤田章子
編集協力●中小路寛
ブックデザイン●渡辺美知子デザイン室

[増補新装版] まるごと小学校1年生学級担任BOOK

2009年3月12日第1刷発行

編著者●奥田靖二©

発行人●新沼光太郎

発行所●株式会社いかだ社

〒102-0072 東京都千代田区飯田橋2-4-10 加島ビル

Tel. 03-3234-5365　Fax.03-3234-5308

振替・00130-2-572993

印刷・製本　株式会社ミツワ

乱丁・落丁の場合はお取り換えいたします。

ISBN978-4-87051-247-4